공사 공단 영어

|공사공단시험연구진|

기출예상문제집

`4지 선다형`　　`5지 선다형`　　`기출문제`

- 총 15회분 적중예상문제 수록
- 4지선다형, 5지선다형 문제
- 출제경향 분석에 따른 적중예상문제 엄선
- 각 회당 40문제씩 수록
- 과년도 기출문제 수록

http://cafe.naver.com/expert7

머리말

　공무원 시험을 제외한 각종 채용시험에서 '영어'가 시험과목에서 제외된 가운데 최근들어 차츰 일부 공사나 공단 중심으로 '영어' 과목이 부활하고 있는 추세이다. 공사나 공단 채용시험에서 예전과 같이 대규모 채용은 아니더라도 꾸준히 선발하고 있어 이 시험을 대비한 '공사·공단 영어 기출예상문제집'을 출간하게 되었다.

　각 공사나 공단에서 시행하는 영어시험은 장문의 독해나 수능식 경향의 서술형으로 출제되는 공무원 시험과는 판이한 출제경향을 보이고 있다. 이에 출제경향에 맞춘 적중예상문제를 4지선다형 40문제씩 수록한 10회분과 부산교통공사와 서울도시철도공사 등은 5지선다형으로 출제되고 있어 5지선다형 40문제씩 수록한 5회분을 포함하여 총 15회분의 적중예상문제를 수록하였다.

　또한 과년도 기출문제를 수록함으로써 출제 경향을 파악할 수 있도록 하였다. 다만, 기출문제의 경우 그 동안 '영어'가 시험과목에서 배제된 관계로 최근 기출문제를 수록하지 못한 아쉬움이 있으나 15회분의 적중예상문제를 상세한 해설과 함께 수록하여 실력향상에 배가 될 수 있도록 하였다.

　이와 같은 특징을 살린 '공사·공단 영어 기출예상문제집'이 수험생 여러분의 합격에 일조하길 기원한다.

- 공사공단시험연구진 -

차 례

적중예상문제

제 1 회 적중예상문제	·	9
제 2 회 적중예상문제	·	28
제 3 회 적중예상문제	·	45
제 4 회 적중예상문제	·	62
제 5 회 적중예상문제	·	79
제 6 회 적중예상문제	·	97
제 7 회 적중예상문제	·	116
제 8 회 적중예상문제	·	133
제 9 회 적중예상문제	·	151
제10회 적중예상문제	·	168
제11회 적중예상문제	·	187
제12회 적중예상문제	·	205
제13회 적중예상문제	·	225
제14회 적중예상문제	·	245
제15회 적중예상문제	·	262

차 례

기출문제

서울도시철도공사 9급(1995. 12. 17. 시행) ─── 283
서울지하철공사 6급(1996. 6. 2. 시행) ─── 296
서울도시철도공사 9급(1997. 7. 27. 시행) ─── 304
한국철도공사 9급(1998. 5. 31. 시행) ─── 319
한국철도공사 9급(1998. 12. 20. 시행) ─── 328
인천지하철공사 9급(1999. 1. 9. 시행) ─── 337
인천지하철공사 9급(1999. 4. 10. 시행) ─── 347
인천지하철공사 9급(2000. 5. 21. 시행) ─── 357

적중예상문제

제1회 ~ 제15회

제1회 적중예상문제

01. 다음 글의 밑줄 친 ⓐ와 ⓑ에 들어갈 내용으로 옳은 것은?

> Which bus do I have to get ⓐ and where do I have to get ⓑ to go to the American Embassy?

	ⓐ	ⓑ		ⓐ	ⓑ
①	to	on	②	on	to
③	off	on	④	on	off

get on 타다 / get off 내리다

해석) 미국 대사관에 가기 위해서는 어떤 버스를 타야하고 또 어디에서 내려야 합니까?

02. 다음 B의 (　) 안에 들어갈 알맞은 단어는?

> A : Susan enjoyed flying.
> B : She hoped one day to be a(n) (　　).

① aviatrix　　　　② fashion designer
③ pioneer　　　　④ pirate

aviatrix 여류비행사, 보통 aviator 또는 woman aviator라고 한다.
pirate 해적, 해적선

해석) A : 수잔은 비행하는 것을 즐겼다.
B : 그녀는 어느 날 여류비행사가 되기를 원했다.

정답) 01. ④　02. ①

03. 다음 우리말을 영어로 옮긴 것 중 가장 옳은 것은?

> 그는 친절하게도 정거장 가는 길을 가르쳐 주었다.

① He was so kind that he showed me the way to the station.
② He was kind so as to show me the way to the station.
③ He was kind enough to show me the way to station.
④ He had the kindness to show me the way to the station.

② so를 kind 다음에 놓으면 맞는 문장이 된다.
so as to ~하기 위해(=in order to)

04. A, B 대화의 밑줄 친 곳에 들어갈 내용으로 가장 적당한 표현은?

> A : Which do you like better, tea or coffee?
> B : _____.

① Tea
② Tea and coffee
③ Coffee is better
④ Yes, coffee

「차와 커피 중 어느 것을 더 좋아하십니까?」와 같은 선택 의문문은 Yes, No 등으로 대답할 수가 없으며, 둘 중에서 어느 하나를 택해서 대답해야 한다.
(I like) tea (better than coffee).

05. 다음 글을 읽고 알맞은 속담을 고르면?

> "This is awful!" said Mary. "Jack promised to phone me this evening and the bell just won't ring. If I have to wait much longer I still scream."
> "If I were you, dear," her mother advised, "I should get on with something else."

정답 03. ② 04. ① 05. ②

① Slow and steady wins the race.
② A watched pot never boils.
③ Never put off till tomorrow what may be done today.
④ Strike while the iron is hot.

 scream(=shiek) 소리치다 get on with=continue
① 느려도 착실하면 이긴다.
② 기다리는 시간은 긴 법이다(서두르지 마라).
③ 오늘 해야 할 일을 내일로 미루지 마라.
④ 쇠는 뜨거울 때 두드려라.

 "이건 이상한 일이야. Jack이 오늘 저녁에 전화한다고 약속했는데 전화벨이 울리지 않아. 만약 더 오래 기다려야 한다면 나는 화가 나서 소리를 칠거야!"하고 Mary가 말했다.
"애야, 내가 너라면 다른 일을 계속하겠어."라고 어머니가 말했다.

06. 다음 글의 밑줄 친 부분에 들어갈 내용으로 옳은 것은?

Irrigation is an important step in the continued exploitation of the environment. With it, crops are not limited to locations where they have developed and where there is sufficient moisture. _____, crops may be cultivated in more arid regions, with water brought in by irrigation canals.

① Instead
② Furthermore
③ Notwithstanding
④ Actually

 irrigation 관개/물을 댐 / arid 메마른/불모의 / instead ~대신에 / furthermore 게다가 / notwithstand ~에도 불구하고 / actually 실제로

 관개는 환경의 끊임없는 개발에 있어서 중요한 절차의 하나이다. 그것을 갖출 때에는 작물은 사람들이 이미 개발한 땅이나 충분한 수분이 있는 지역에 국한되지 않는다. 실제로 용수로를 통해서 공급되는 물이 있으면 더 많은 불모지에서 작물들이 경작될 수 있다.

정답 06. ④

07. 다음 우리말을 영작 했을 경우 알맞은 표현에 해당하는 것은?

> 나는 놀라서 말문이 막혔다.

① The shock was so much that I could not express.
② Fright was too shocking to speak myself.
③ My surprise was too great for words.
④ Any language failed itself revealing me.

① express는 목적어를 필요로 하는 타동사이므로 부적절하며 much를 great로 고쳐야 한다.
② fright도 shocking도 놀라움, 놀라운의 뜻이므로 부적절하다.
③ too~for words : 말하기엔 너무 ~하다
④ any language failed me with surprise가 적당한 표현이다.

08. 다음 문장 가운데 어법상 가장 어색한 것은?

① He is a good scholar, and what is better, a skillful teacher.
② here is a man at the door wants to see you.
③ All volcanoes have on their summits what are called craters.
④ I had my hat blown off the wind while walking down a narrow street.

④ '내 모자가 바람에 의해서 날려간' 것이기 때문에 by the wind로 하여야 하며 off는 부사로 blow off에 연결된다. 내 모자와 blow off의 관계가 수동이므로 과거분사 blown off를 쓴다.

09. 다음 우리말을 영어로 옮긴 것 중 옳지 않은 것은?

① 우리가 항상 위험을 피할 수 있는 것은 아니다.
  ⇒ We cannot keep away from danger.
② 그는 친절하게도 나를 곤경에서 구해주었다.

07. ③ 08. ④ 09. ①

⇒ He had the kindness to help me out of the trouble.
③ 장학금 덕택으로 그는 미국에 갈 수 있었다.
⇒ Thanks to a scholarship he was able to go to America.
④ 그 아이를 아무리 칭찬해도 지나치지 않다.
⇒ We cannot praise the boy too much.

① We cannot always keep away from danger. 우리말이 부분부정이므로 not +always(항상~한 것은 아니다)가 되어야 하므로 always가 들어가야 한다.

10. 다음 밑줄 친 부분의 뜻이 잘못 연결된 것은?

① She put on her new skirt.(입었다.)
② He put down the box on the table.(내려놓았다.)
③ She called up Jane this morning.(방문했다.)
④ She gave up the game.(포기했다.)

call up 전화하다 / call on 방문하다

11. 다음 글의 질문에 옳은 것은?

In a certain high school, 30% of the students come from Seoul and 50% of these are from Seocho-Dong.
What percent of the student in the high school come from Seocho-Dong?

① 15% ② 30%
③ 45% ④ 80%

어느 고등학교에서는, 학생수의 30퍼센트가 서울 출신이며 이 중 50퍼센트가 서초동 출신이다. 이 고등학교의 학생 중 몇 퍼센트가 서초동 출신인가?

정답) 10. ③ 11. ①

※ 다음 글을 읽고 물음에 답하여라. (12~13)

> A : This information is confidential.
> B : Okay, I understand.
> A : So don't tell a soul.
> B : Don't worry. ⓐ <u>My lips are sealed</u>.
> A : I mean it. And whatever you do, don't let Sandy know.
> B : ⓑ _____. Everybody knows she's got a big mouth.

12. 위 대화의 ⓐ와 같은 뜻에 해당하는 것은?
① I have a deep throat.
② I can keep a secret.
③ I am very generous.
④ I am all ears and eyes.

13. 위의 대화 ⓑ에 들어갈 내용으로 알맞은 것은?
① No, I won't.
② Yes, I will.
③ Yes, I do.
④ No, I don't.

confidential 기밀의 / lips are sealed (비밀을) 엄수하다 / have a big mouth 함부로 떠들어대다.

해석
A : 이 정보는 기밀이다.
B : 좋아, 알았다.
A : 그러니 한 사람에게도 말하면 안 돼.
B : 걱정마, ⓐ 비밀은 지킬게.
A : 믿을께. 그리고 무슨 일을 하든 Sandy가 알게 하지 마라.
B : ⓑ 절대 그러지는 않겠다.
    모두가 그녀가 수다스럽다는 걸 안다.

14. 다음 중 밑줄 친 부분에 정관사가 들어갈 수 없는 것은?
① Sugar is sold by _____ pound.

정답 12. ② 13. ① 14. ②

② I have been to _____ Kimpo Airport.
③ _____ moon is the satellite of the earth.
④ We should not despise _____ poor.

① by the pound 파운드 단위로
② 공원·공항·항구·역·다리의 이름 앞에는 관사를 붙이지 않는다.
③ 유일무이(唯一無二)한 명사 앞에는 the를 붙인다.
   the sun, the moon, the world, the east, the Bible 등
④ the+형용사=복수 보통 명사, the poor 가난한 사람들(=poor people)

15. 다음 대화의 밑줄 친 부분에 들어갈 단어로 옳은 것은?

> A : "Mr. Kim smokes too much."
> B : "Well, he used to smoke more than he _____ now."

① could
② has
③ does
④ smoked

 smoke의 대동사로 쓰인 do

 A : 미스터 김은 흡연이 너무 지나쳐.
B : 웬걸, 전에는 지금보다도 더 많이 피우곤 했는데.

16. 다음 문장에서 어법상 올바르게 쓰인 것은?
① We found easy to swim across the river.
② A diligent student always avoids to waste time in tea rooms.
③ Go to those whom you are sure will help you.
④ You do well to follow my advice.

15. ③   16. ④

① We found it easy to swim across the river : find가 가목적어를 동반했으므로 to부정사를 취한다.
② avoid는 동명사를 취하는 동사이므로 to waste가 아니라 wasting으로 해야 한다.
③ you are sure는 삽입된 부분이므로 생략하면 동사 will help의 주어가 없음을 알 수 있다. 그러므로 whom이 아닌 who로 하여야 한다.
④ do well to+v ~하는 게 낫다'

① 우리에게 강을 건너는 것은 쉬웠다.
② 부지런한 학생은 찻집에서 시간을 낭비하는 것을 항상 피한다.
③ 당신을 도울 것이라고 확신하는 사람들에게 가라.
④ 당신은 내 충고를 따르는 게 낫다.

17. 다음 글의 내용과 일치하는 것은?

> One might anticipate act of terrorism in New York, America's media capital, especially after the Trade Center blast and a plot to blow up the United Nations, city's bridges and tunnels, and its federal office buildings.

① New York is not appropriate as America's media capital due to an act of terrorism.
② An act of terrorism can take place even in New York.
③ They might fail to blow up the United Nations even if they had more careful plot.
④ America's media capital might be preserved from an act of terrorism.

anticipate 예상하다, 기대하다 / media 언론매체(medium의 복수형) / blast 폭파 / plot 계획/음모 / blow up 폭파시키다

특별히 무역센터의 폭발사건과 유엔본부, 각 도시의 교량 및 터널, 그리고 연방정부 사무실 건물에 대한 폭파음모 이후로 미국 언론매체의 수도격인 뉴욕에서의 테러행위를 예상해 볼 수 있을 것이다.

 17. ②

18. 다음 글에서 밑줄 친 "her master"가 가리키는 것은?

Leaders of the growing suffrage movement were seeking equality under the law. Incredible as it seems now in early ninteenth-century. America a wife like a black slave could not fully remain title to property after beaten by her master.

① her husband
② a wife
③ an American man
④ a person who owns the slave

> 늘어나는 투표권 운동지도자들은 법적 동등권을 찾고 있었다. 지금은 믿을 수 없는 것으로 보이지만 미국에서 19C 초에는 아내는 흑인노예처럼 자신의 주인(남편)에게 구타를 당한 뒤에도 전적으로 특권(소유권)을 간직할 수 없었다.

19. 다음 글의 내용에 해당하는 속담은?

Fortune comes to everyone. But a man who is not ready for it cannot take it. It enters at the door and flies beyond the window.

① Strike while the iron is hot.
② A rolling stone gathers no moss.
③ The early bird catches the worm.
④ Haste makes waste.

> 행운은 누구에게나 온다. 그러나 준비하지 않는 사람은 얻을 수가 없다. 행운은 문 앞에 들어와서 창문으로 날아간다.
> ①「쇠는 뜨거울 때 두드려라.」→ 좋은 기회를 놓치지 마라.
> ②「구르는 돌에는 이끼가 끼지 않는다.」→ 직업을 자주 바꾸면 돈이 모이지 않는다.
> ③「일찍 일어나는 새가 벌레를 잡는다.」→ 근면해야 한다.
> ④「급할수록 침착해라.」→ 서두르면 일을 망치게 된다.

정답) 18. ① 19. ①

20. 다음 글에서 전체의 흐름과 관계없는 문장에 해당하는 것은?

① A good weather report tells five things. ② It predicts what the temperature will be. ② It tells whether the sky will be cloudy or clear and whether there will be any rain or snow. ③ Most people like clear sunny weather. ④ A weather report also gives the direction of the wind and the strength of the wind.

 좋은 일기예보에 대하여 말하고 있으므로 예보에 속하는 내용이 일괄적으로 나와야 한다.

 ① 훌륭한 일기 예보는 다섯 가지를 말해 준다. 온도가 몇 도가 되는지 예보한다.
② 하늘이 흐릴지 맑을지 비나 눈이 올지 말해준다.
③ 대부분의 사람들은 청명하고 맑은 날씨를 좋아한다.
④ 좋은 일기예보는 또한 바람의 방향과 풍속을 알려 준다.

21. A, B 두 문장이 같은 뜻일 때 밑줄 친 곳에 들어갈 알맞은 말은?

A : It seems that he was healthy in his day.
B : He _____ healthy in his day.

① seemed to have had been ② seemed to have been
③ seemed to be ④ seems to have been

 in one's day : 자신의 한창 때, 전성기 때 그는 한창 때 건강했었던 것 같다(that 이하 was 과거).
It seems that(~that 이하인 것 같다) 이하가 과거이므로 seem to have been이 옳다(한 시제 앞선다). 만약, It seemed that he was healthy in his day 였다면 He seemed to have been healthy in his day이다.

20. ③ 21. ④

22. 다음 글의 빈 칸에 들어갈 알맞은 것은?

I will give it _____ wants it.

① whomever ② whichever
③ whoever   ④ who

관계부사의 문제(관계대명사+ever)
whoever : 누구든지(anyone who+동사)
I will give it someone who wants it. (누구든지 그것을 원하면 줄 것이다.)
= I will give it whoever wants it.
ex) anything which = whichever
    anyone whose+명사 = whosever
    anyone whom = whomever

23. 다음 내용의 주제로 가장 알맞은 것은?

There is growing evidence that the earth is warming because of carbon dioxide in the atmosphere. Carbon dioxide is released when fossil fuels are burned. Rising temperature could melt polar ice caps, raise sea levels and flood coastal areas. We'll have to reduce carbon dioxide emissions by developing alternative energy sources such as solar power and wind energy to replace fossil fuels.

① 해수면의 상승   ② 대기오염
③ 지구온난화 현상   ④ 이산화탄소의 피해

이 글은 이산화탄소 때문에 지구가 더워지고 그로 인해 극지방의 얼음이 녹아 해수면을 상승시키기 때문에 대체에너지를 통해 이산화탄소를 줄여 나가자는 것을 서술하고 있다.
④번이 정답이 되려면 지구에 관련된 부분만을 설명할 것이 아니라 전체, 즉 우리 인체에 미치는 영향들을 서술하고 있어야 한다.
fossil ⓝ 화석, ⓐ 화석의, 시대에 뒤진 / carbon dioxide 이산화탄소 / polar 극지방의 / sea level 해수면 / emission 발산, 방사, 발행 / alternative 대체의 / solar 태양의

정답 22. ③   23. ③

해석 대기권에 있는 이산화탄소 때문에 지구가 따뜻해진다는 증거가 점점 더 많이 생겨나고 있다. 이산화탄소는 화석원료를 태울 때 방출된다. 기온이 올라가면 극지방에 있는 빙산이 녹아 해수면이 올라가서 해안지대를 물에 잠기게 만들 것이다. 우리는 화석연료를 대체할 수 있는 태양에너지나 풍력에너지와 같은 대체에너지를 개발함으로써 이산화탄소의 방출을 줄여야 한다.

24. 다음 문장의 밑줄 친 곳에 들어갈 알맞은 것은?

She was _____ woman that we all loved her.

① such nice a
② such a nice
③ so a nice
④ such nice

Such+a+형용사+명사
So+형용사+a+명사 ⇒ such~that~, so~that~ : 그처럼(형용사)한 ~(명사)이다.
따라서 such a nice woman that 이하 : that이하 ~할 만큼 멋진 여자

해석 그녀는 우리 모두가 사랑했던 멋진 여자였다.

25. 다음 밑줄 친 부분과 같은 뜻을 가진 것은?

She has <u>no less than</u> a hundred books.

① as many as
② at least
③ only
④ as much as

no less than : ~와 같은 [마찬가지의], ~나 다름없는, (수·양이) 꼭 ~만큼이나
as many as : 동수의, 같은 수만큼의
따라서 book은 셀 수 있는 가산명사로 as many as가 와야 한다.
at most 기껏해야, 많아 보았자 / at least 최소한, 적어도

해석 그녀는 100권의 책을 가지고 있다.

정답 24. ② 25. ①

26. 다음 문장의 밑줄 친 곳에 들어갈 가장 알맞은 것으로 연결된 것은?

- When I was in middle school, I ___ⓐ___ the piano everyday.
- Remember ___ⓑ___ to her every day.

	ⓐ	ⓑ		ⓐ	ⓑ
①	would	written	②	play	you write
③	did	meeting	④	used to play	to write

 포인트가 everyday이다. everyday는 습관적인 반복, 즉 규칙적 반복행위를 암시하므로, used to를 사용한다. would는 과거의 불규칙적 반복이나 습관을 표현한다.
write to + 사람 : ~에게 편지를 쓰다
remember + to 부정사 : (미래)~할 것을 의미
remember + ~ing분사 : (과거)~했던 것을 의미

【해석】
- 중학교에 다닐 때, 매일 피아노를 연주했었다.
- 매일 그녀에게 편지를 쓰는 것을 잊지 마라.

27. 다음 글의 밑줄 친 ⓐ와 ⓑ에 들어갈 내용으로 옳은 것은?

The consequences of the establishment of the colonies were rapid and careless ___ⓐ___ of natural resources, and ___ⓑ___ human suffering.

	ⓐ	ⓑ		ⓐ	ⓑ
①	disappearance	planned	②	depletion	appalling
③	development	unfailing	④	disintegration	compelled

consequence 결말, 결과 / establishment 설립, 건설 / colony 식민지 / resource 자원 / suffering 괴로움, 고통 / disappearance 사라짐, 실종 / depletion 고갈, 소모 / appalling 섬뜩하게 하는, 끔찍한 / unfailing 무한한 / disintegration 붕괴, 분열 / compel 강요하다

【해석】 식민지 건설의 결과는 천연 자원을 빠르고 경솔하게 고갈 시키고 끔찍한 인간의 고통을 가져왔다.

【정답】 26. ④ 27. ②

28.

Would you mind _____ me your pencil?

① lend   ② lended
③ to lend   ④ lending

> mind는 동명사(~ing)를 목적어로 취하는 동사이므로, ~ing형을 선택한다.
> Would you mind ~ing? : (공손한 부탁) ~해도 되겠습니까?
> mind의 대답 : (긍정) 예 : No, I don't mind.
>   (부정) 아니오 : Yes.
>
> 해석 당신의 연필을 나에게 빌려 주시겠습니까?

29.

Since this room is hot, we must keep _____.

① the windows to open   ② open the windows
③ the windows opened   ④ the open windows

> keep+목적어+p.p. : Keep the window opened(p.p.)
> ex) Keep the door shut(p.p.) : the door is shut by ~(p.p.)
> Keep the fire burning. (~ing) : the fire is burning. (~ing)
>
> 해석 이 방은 덥기 때문에, 창문을 열어 놓고 있어야겠다.

30. 다음 밑줄 친 단어의 뜻이 나머지 셋과 다른 것은?

① The winner had the laugh on the <u>loser</u>.
② The winner left the <u>loser</u> standing.
③ I feel like such a <u>loser</u>.
④ You shall not be the <u>loser</u> by it.

정답 28. ④   29. ③   30. ④

① 승자는 패자를 비웃었다.
② 승자는 패자에게 큰 차이로 이겼다.
③ 완전히 패배자라는 느낌이 든다.
④ 그것 때문에 너에게 손해를 끼치지는 않겠다.

31. 다음 문장의 밑줄 친 부분과 뜻이 가장 가까운 것은?

> It would have been wiser to leave it unsaid.

① than you had left it unsaid
② if you had left it unsaid
③ as you had left it unsaid
④ than you left it unsaid

leave it unsaid : 그것을 말하지 않고 두다
would have p.p.~ : (과거에 이미 지나간 사실에 대하여 추측함을 의미)
따라서 문장의 시제에 있어서 to부정사구 이하는 주절 would have been wiser보다 선행되어야 한다. 「그것을 말하지 않는 것이 더 현명했을 텐데.」 이미 말해버린 상태에서 하는 표현이므로, to 부정사 이하는 과거완료시제가 들어가야 한다.
비교급으로 쓰이려면 wiser 다음 than 이하가 주절시제와 일치하는 동일한 would have p.p.가 있어야 한다.
It would have been wiser than you would have said it. (문법적으로 어색한 표현)

32. 다음 글의 밑줄 친 부분 중 어법상 가장 어색한 것은?

> The plants that ① they ② belong to the family of ferns ③ are quite ④ varied in their size and structure.

① that을 관계대명사로 보아 The plants를 의미하는 they를 생략하여야 옳다.
양치류에 속하는 식물은 그 크기와 형태면에서 상당히 다양하다.

 31. ② 32. ①

33. 다음 빈칸에 들어갈 내용으로 옳은 것은?

> I will employ the man _____ they say speaks English fluently.

① who
② which
③ whom
④ of whom

① they say는 삽입된 것으로 they say를 생략하면 동사 speaks의 주어가 없게 된다. 그러므로 주격 who가 들어가야 옳다.

해석 사람들이 영어를 유창하게 한다고 하는 그 사람을 고용할 것이다.

34. 다음 문장의 밑줄 친 곳에 들어갈 가장 알맞은 말은?

> We of today also like beautiful things. We make our buildings and parks as beautiful as we can. We like streamlined automobiles partly because they seem to us _____.

① strong and enduring
② cheap and useful
③ fast and easy to drive
④ graceful and beautiful

해석 오늘날의 우리 또한 아름다운 것을 좋아한다. 빌딩이며 공원을 가능한 한 아름답게 꾸민다. 우리는 그것이 우아하고 아름다워 보이기 때문에 부분적으로 유선형으로 된 자동차를 좋아한다.

35. 다음 글의 제목으로 알맞은 것은?

> Coffee is grown in an area about 20° on either side of the equator. It can be grown from sea level to about 2,000 meters, but the highest quality coffee is produced at about 1,500 meters. It needs an average temperature of about 77° F and an annual rainfall of one to two meters.

정답 33. ① 34. ④ 35. ③

① How to Grow the Coffee Plant ② The History of Coffee
③ Where the Coffee Plant Grows ④ What Coffee Tastes Like.

> equtor 적도 / quality 특질, 질 / verage 평균(의), 평균하다 / témperature 온도 / ánnual 일년의, 매년의(cf. annual message 연두교서)

> 커피는 적도를 중심으로 남북 20°정도의 지역에서 재배된다. 커피는 평지(sea level)에서부터 2,000m 높이의 장소에까지 재배가 가능하다. 그러나 가장 좋은 품질의 커피는 약 1,500m의 고도에서 생산된다. 커피 재배에는 평균 약 77°(화씨)의 온도와 1~2m의 연간 강우량이 필요하다.

36. 다음 단어 중 복수형이 잘못 연결된 것은?

① base – bases
② stomach – stomaches
③ proof – proofs
④ basis – bases

> stomach(위, 배, 복부)의 복수형(pl)은 stomachs이다.

37. 다음 대화의 밑줄 친 부분에 들어갈 내용으로 알맞은 것은?

A : Are you going there with us?
B : If Mary wants to go, _____.

① So will I
② So do I
③ So I will
④ I also go

> 밑줄 친 부분에는 긍정 동의 문장이 들어가야 한다.
> B의 주절의 동사가 want이므로 "So do I."로 표현하여야 한다.
> [참고] So+동사+주어(긍정 동의) ↔ Nor [Neither] +동사+주어(부정 동의)
>   ex) He is not wise → Nor is he.
>   So+주어+동사 : (Yes, indeed의 뜻) 물론, 그렇고 말고(강한 긍정을 표출)

> A : 우리와 함께 갈 예정인가요?
> B : 만약 Mary가 가고 싶다면, 저도 물론 함께 가지요.

36. ② 37. ②

38. 다음 글의 밑줄 친 부분과 같은 뜻이 아닌 것은?

> She visits her native village at times.

① once in a while　　② now and then
③ from time to time　　④ all at once

at times : 가끔, 때때로 = sometimes = from time to time = now and then = occasionally = once in a while
④ 갑자기, 동시에

39. 다음 밑줄 친 부분에 들어갈 내용으로 가장 적당한 것은?

> Knowing _____ my own faults, I can hardly blame others.

① as I did　　② as I have
③ as it is　　④ as I do

As I know my own faults, I can hardly blame others.
동사를 이용한 분사구문에서 Knowing as I do my own faults, I can hardly blame others.

해석　내 자신의 잘못을 알고 있기 때문에, 다른 이들을 나무랄 수가 없다.

40. 다음 국문을 영작한 것으로 가장 알맞은 것은?

> 그는 학자라기보다 인격자이다.

① He is a man of learning rather than a man of character.
② We don't respect his learning, still less his character.
③ He is respected not so much for his learning as for his character.
④ He is a man of learning as well as a man of character.

정답　38. ④　39. ④　40. ③

not so much A as B : A라기보다 B이다
따라서 He is not so much a scholar as a man of character.
= He is respected not so much for his learning as for his character.
　 (원뜻 : 그는 학문보다는 인격으로써 존경 받는다.)
① 반대의 뜻, A rather than B : B라기보다는 A이다
② 어색한 표현
④ A as well as B : B만큼이나 A하다

제 2회 적중예상문제

01. 다음 빈 칸에 들어갈 단어로 알맞은 것은?

> It is too late. You had better put _____ the meeting.

① out   ② up with
③ off   ④ in

> put off : 연기하다, 미루다(=postpone)
> put in : 삽입하다
> put out : 끄다, 내쫓다, 해고하다
> put up with : 참다, 견디다(=endure, bear, stand 등)

> 해석: 너무 늦었군요. 회의를 연기하는 것이 좋겠습니다.

02. 다음 밑줄 친 부분에 들어갈 알맞은 단어는?

> It is necessary that you _____ finish the work by ten o'clock.

① don't   ② would
③ should ④ could

> natural, important, desirable, essential, necessary, remarkable 등의 형용사절 뒤의 that절
> it is 형용사 that+S+(should)+동사 원형~
> should는 생략 가능하고, 이어지는 동사는 반드시 원형이 온다.

> 해석: 10시까지 일을 끝마쳐야 됩니다.

정답) 01. ③ 02. ③

03. "어떤 일이 일어날 지 알 수 없다"를 영작할 경우 밑줄 친 부분에 들어갈 알맞은 것은?

There is _____ what will happen tomorrow.

① not to say ② no saying
③ nothing to say ④ said

　There is no (do)ing~ : ~할 수는 없다
ex) There is no telling when he will come. 「그가 언제 올지 모른다.」
　　= It is impossible to tell when he will come.

04. 다음 문장 중 나머지 셋과 뜻이 다른 것은?

① You said it ② You're quite right.
③ Let's call it a day ④ You can say that again.

　①, ②, ④는 "네 말이 옳아, 전적으로 동감이야"의 뜻이다.
③은 "그만 합시다"의 뜻이다.

05. "그는 5일간 계속 결석하고 있다."의 옳은 영작은?

① He has been absent for five days.
② He is absent for five days.
③ He was absent for five days.
④ He absent for five days.

　"계속하고 있다"는 현재완료의 '계속'으로 과거의 한 시점에서 현재까지 계속됨을 의미한다.
따라서 have been absent이므로 He has been absent for 5 days가 정답이다.
결석하다 : be absent
5일 동안 : for 5 days

03. ②　04. ③　05. ①

06. 다음 밑줄 친 단어와 같은 뜻으로 사용된 것은?

> Aluminium is a light substance.

① I'm not hungry. I'll have a light meal.
② Let's go home while it is light.
③ He read the letter by the light of the candle.
④ I'm going to buy a light overcoat.

 Aluminium은 가벼운 물질이다.
　① 난 배고프지 않아. 간단한 식사를 할래.
　② 날이 환할 때 집에 가자.
　③ 그는 촛불로 편지를 읽었다.
　④ 나는 가벼운 외투를 살 것이다.

07. 다음 밑줄 친 부분 중 틀린 것은?

> "John, my neighbor is young, beauty, tall and talented."
> 　　　　①　　　　②　　③　　　　④

③ beauty → beautiful
 내 이웃인 존은 젊고, 아름다우며, 키가 크고 재주가 많다.

08. 우리말을 영어로 바르게 옮긴 것은?

> 우리는 전쟁이 또 일어나는 것을 원치 않는다.

① We don't want that another war will break out.
② We want that there will not be another war.

 06. ④　07. ③　08. ④

③ We don't hope another war to break out.
④ We don't wish that another war break out.

① We don't want another war to break out. (○)
② 또 다른 전쟁이 일어날 것이다(전혀 다른 뜻). will not be ~할 것이다.
③ We don't hope that another war will break out. (○)

09. 다음 짝지어진 두 단어의 관계가 나머지 셋과 다른 것은?

① comedy – tragedy   ② entrance – exit
③ ancestor – descendant   ④ foreigner – alien

① comedy(희극) ↔ tragedy(비극)
② entrance(입구) ↔ exit(출구)
③ ancestor(조상) ↔ descendant(후손)
④ foreigner(외국인) = alien(외국인)

10. 다음 문장의 밑줄 친 부분과 바꿔 쓸 수 있는 것은?

> <u>Aside from</u> his salary, he has little money.

① compared to   ② because of
③ except for   ④ even if

aside from = besides = except for : ~외에, ~을 제외하고
even if = even though 비록 [설사] ~이라 할지라도
compared to ~에 비유하여 / because of ~ 때문에

11. 다음 글의 빈 칸에 들어갈 가장 알맞은 것은?

> When did you get _____ last night?

 09 ④ 10. ③ 11. ④

① to home ② the home
③ in home ④ home

🎓 home 자택, 내집의, 가정의, 고향의, 내집으로, 고국으로
문맥상 부사로 사용되었으며, 중요한 숙어로써 'get home'은 ㉠ 돌아오다, ㉡ 적중하다의 뜻이다.

12. 다음 대화에서 B의 대답으로 가장 적절한 것은?

A : How did you like the trip to Jeju-do?
B : _____.
A : Oh, that's too bad.

① I enjoyed every moment of it.
② I want to take a trip there again.
③ I wish you could be with me.
④ I felt seasick most of the time.

해석 A : 제주도 여행은 어땠습니까?
B : 여행내내 멀미 때문에 고생했습니다.
A : 오, 그거 안됐군요.

※ 다음 대화를 읽고 물음에 답하시오. (13~14)

"Who do you think will win the election for mayor?" she asked.
"I don't care", he said. "I'm not interested in __ⓐ__."
Surprised, she asked, "Do you mean you don't know about the political situation in this city?"
"Oh, I know about some of the men and women __ⓑ__ here."

정답 12. ④

"당신은 시장 선거에 누가 당선될 거라고 생각하십니까?"라고 그녀가 물었다.
그는 "나는 상관없어." "나는 정치에 관심이 없어."라고 말했다. "당신은 이 도시의 정치적 상황에 관해 모른다는 말입니까?"라고 그녀는 놀라서 물었다.
"아, 이곳 남녀 정치가들 중 몇 명을 알고 있습니다."

13. 위 대화의 밑줄 친 ⓐ에 들어갈 내용으로 알맞은 것은?
① politics
② this city
③ the election
④ people

14. 위 대화의 흐름으로 보아 밑줄 친 ⓑ에 들어갈 내용으로 알맞은 것은?
① the political situations
② mayors
③ politics
④ politicians

 election[ilékʃən] 선거, 선정, 뽑기 / political[pəlítikl] 정치의, 정당의, 시민의 / situation[sitʃuléiʃən] 장소, 상태, 근무처, 상황 / save 돈, 수고 따위를 덜어주다.

15. 다음 능동태의 문장을 수동태로 고친 것 중 옳은 것은?

Don't open the door.

① Let the door not to open.
② Let the door be not opened.
③ Don't let the door be open.
④ Don't let the door be opened.

 부정명령문의 수동태 형식은 'Do not let + 목적어 + be p.p.'를 취한다.
따라서 open → opened로, 부정의 not은 be동사 앞에 위치한다.

정답 13. ① 14. ④ 15. ④

※ 다음 글을 읽고 알맞은 것을 고르시오. (16~17)

> Reaching the Roof of the World will be more costly next March. Since Edmund Hillary first conquered the peak of this mountain in 1953, climbers have left behind a growing pole of oxygen bottles and other things on the slopes. To try to limit climbing permit to $10,000 for the first nine members of a part, plus $1,000 for each additional climber

 세계의 지붕(에베레스트)에 등정하는 일은 다음 3월에는 비용이 더 먹힐 것이다. 1953년에 에드먼드 힐러리가 최초로 이 산의 정상을 정복한 이래 등반가들은 점점 높이 쌓여지는 산소통 더미와 다른 물건들을 슬로프에 버려두고 가버렸다. (관광국) 등반허가를 제한하기 위해 수수료를 한 조당 최초의 9명에게는 1만 달러, 그리고 추가되는 등반가 1인당 1천 달러로 인상했다.

16. 위 글에서 등반료를 인상한 이유는 무엇인가?
① 만성적 재정 적자를 메우기 위하여
② 부유한 등반객을 유치하기 위하여
③ 산의 자연환경을 보호하기 위하여
④ 급격한 물가인상률에 맞추기 위하여

17. 위 글의 내용으로 보아 만일 11명이 등반한다면 내야 할 등반료는 얼마인가?
① $8,000 ② $9,000
③ $10,000 ④ $12,000

18. Choose the one which is suitable for the blank.

> Reading is to the mind _____ food is to the body.

정답 16. ③ 17. ④ 18. ②

① whatever　　　　　② what
③ whose　　　　　　④ that

관계사 what의 용법
S+V+what+S+V : ~만큼(의), ~여하의, ~이듯

해석　독서는 마음의 양식이듯, 음식은 신체의 양식이다.

19. 다음 밑줄 친 부분에 들어갈 내용으로 알맞은 것은?

He has gray hair. He _____ be over sixty.

① have not to　　　　② need to
③ ought to　　　　　 ④ must

해석　그는 잿빛 머리색이었다. 60대가 넘었음에 틀림없다.(강한 추측)

20. 다음 본문의 빈 칸에 들어갈 내용으로 가장 적당한 것은?

Not to know what has been transacted in former times is to be always a child. If no use is made of the labors of past ages, the world must remain always in (　) of progress.

① the infancy　　　　② the lad
③ the adult　　　　　④ the top

해석　과거에 어떤 일이 이루어져 왔는지를 모르는 것은 항상 어린아이의 상태로 있는 것과 같다. 만약, 과거의 노력들이 이용되어지지 않는다면 세상은 항상 진보의 <u>초기단계</u>로 남아 있어야만 한다.

정답　19. ④　20. ①

21. 다음 밑줄 친 ⓐ와 ⓑ에 들어갈 가장 알맞은 것은?

- Here is a letter ___ⓐ___ by Tom.
- It is very kind ___ⓑ___ you to say so.

	ⓐ	ⓑ		ⓐ	ⓑ
①	writes	for	②	write	that
③	wrote	with	④	written	of

> 편지가 쓰여짐은 수동태이므로, letter written by Tom
> 본래문장 : Here is a letter (which is) written by Tom.
> 사람의 성향을 나타내는 형용사는 전치사 of를 사용하여, 성향 형용사+of+목적어+to 부정사의 형태
> kind, nice, good, bad, silly, foolish, wise 등+of

해석
- 여기에 톰이 쓴 편지가 있다.
- 그렇게 말씀하시니 무척 친절하시군요.

22. 다음 글의 밑줄 친 부분에 들어갈 내용으로 옳은 것은?

Applying a unique federal statute that covers those convicted _____ running a continuing criminal enterprise, the court sentenced "Nicky" to life imprisonment without possibility of parole.

① for
② of
③ by
④ with

> statute 법규, 법령, 규칙, 정관 / criminal enterprise 범죄 조직 / parole 가석방, 집행유예, 서약, 맹세 / convict of ~에 대해 유죄 판결을 내리다.

해석 연속적인 범죄 조직을 결성한 것에 대해 <u>유죄 판결을 받은</u> 자들을 다루는 특이한 연방 법규를 적용하여, 법원은 "Nicky"에게 가석방의 가능성이 없는 무기징역을 선고했다.

정답 21. ④ 22. ①

23. 다음 질문에 대한 대답으로 알맞은 것은?

> Do you have the time?

① Not now, tomorrow. ② It's nine o'clock.
③ No, I don't have time. ④ I'm sorry, I'm busy.

time의 의미(정관사 the의 유무)
지금 몇 시입니까? : Do you have the time? (정관사 有)
= What time is it now?
= What is the time?
= Can you tell me the time?
= Have you got the time?
= What time do you have?
= May I ask you the time, please?
시간이 있습니까? : Do you have time? (정관사 無)

24. 다음 문장의 밑줄 친 곳에 들어갈 알맞은 말은?

> If it _____ tomorrow, I will not go anywhere.

① will be rained ② will rain
③ is rain ④ rains

시간과 조건을 나타내는 if, when, as soon as, till, untill, before 등이 이끄는 부사절에서는 주절의 시제와 상관없이 원칙적으로 현재시제를 써서 주절의 시제를 대신한다. (조건의 부사절)

해석 내일 비가 온다면, 나는 어디에도 가지 않을 것이다.

25. 다음 밑줄 친 곳에 들어갈 가장 적당한 것은?

> Children are known _____ their parents.

정답 23. ② 24. ④ 25. ③

① to ② at
③ by ④ in

> be known by ~에 의하여 알려지다
> be known to ~에게 알려지다
> be known for ~로(이유) 잘 알려지다(유명)
> their parents(아이들의 부모)이므로 연관성은 판단의 기준이다.
> 따라서 be known by가 옳다.

26. 다음 빈 칸에 들어갈 가장 알맞은 것은?

_____ you please show me the way to the station?

① Will ② Have
③ Need ④ May

> = Would you please show me the way to the station?
> = Could you direct me the way to the station?

 역으로 가는 길을 가르쳐 주시겠습니까?

※ 다음 문장의 밑줄 친 곳에 들어갈 적당한 말을 고르시오. (27~29)

27.

He _____ a good time when I saw him at the party.

① does ② did
③ had ④ have

> have a good time 즐거운 시간을 보내다
> 시간 부사절에서 saw가 과거이므로 have → had

- 내가 파티에서 그를 만났을 때 그는 즐거운 시간을 보내고 있었다.
- 그는 거기에 가지 않을 것이고 나 또한 가지 않을 것이다.

정답 26. ① 27. ③

28.

> A : He has not come yet.
> B : I _____ two hours for him.

① am waiting ② was waiting
③ wait ④ have been waiting

 wait 단어가 있으므로 '기다림'의 의미이며, two hours가 시간의 계속을 암시하므로 wait for+목적어가 옳다. 따라서 have+p.p. 현재완료 시간의 계속인 진행형으로, have p.p.~ing가 옳다.

해석 A : 아직 그가 오지 않았다.
B : 나는 2시간 동안이나 계속 그를 기다렸다.

29. 다음 글의 ⓐ와 ⓑ에 들어갈 내용으로 옳은 것은?

> • The Koreans are proud of ___ⓐ___ own flag.
> • He didn't go there, and ___ⓑ___ did I.

	ⓐ	ⓑ		ⓐ	ⓑ
①	his	too	②	their	neither
③	one's	so	④	its	also

 be proud of ~을 자랑스러워하다, ~에 자부심을 갖고 있다
The Koreans가 복수형으로 쓰였으므로, one's own에서, their own(그들 자신의)이 옳다.
문장에서 주절의 주어는 He(그 사람), 종속절의 인칭대명사는 I(나)이므로 내용상 「그는 거기에 가지 않았다, 그리고 나도 가지 않았다.」로 He와 I의 부정적 동의를 나타낸다.
나도 가지 않았다 : I did not go either. = Neither did I.
긍정문 주절이었다면 So did I이다.

해석 한국인들은 그들 자신의 국기를 자랑스러워 한다.

정답 28. ④ 29. ②

30. 다음 글에서 나타나 있지 않은 내용은?

> To write: or even to speak English is not a science but an art. There are no reliable rules: there is only the general principle that concrete words are better than abstract ones, and that the shortest way of saying anything is always the best. Mere correctness is no guarantee whatever of good writing.

① 영어로 글을 쓴다는 것은 과학이다.
② 정확성이 있다고 하여도 좋은 작문이 안 될 수 있다.
③ 영어로 말하는 것은 예술이다.
④ 무엇인가를 말할 때는 되도록 간결한 방법으로 해야 한다.

　　reliable 신뢰성 있는 / concrete 명확한 / abstract 관념적인, 추상적인

　　영어로 글을 쓴다는 것 또는 심지어 영어로 말을 한다는 것은 과학이 아니라 예술이다. 추상적인 단어보다 명확한 단어를 선택해야한다는 것과 무엇인가를 말할 때 되도록 가장 간결한 방법으로 해야 한다는 일반적인 대원칙 말고는 분명한 법칙은 없다. 단순히 정확성을 기했다하여 결코 좋은 작문이 되는 것은 아니다.

※ Choose the best translation in English. (31~32)

31.

> 그녀는 사진이 잘 찍힌다.

① She is making a picture well.
② She takes a good picture.
③ She photographs well.
④ She is taking good photography.

　　take a picture ~의 사진을 찍다

32.

> 정거장까지 가는 길을 좀 가르쳐 주십시오?

① Please teach the way to the station.
② Would you show me the way to the station?
③ Give me the way to the rail way station.
④ How far is it from here to the station?

 ②가 맞는 문장이며 show 대신에 tell을 쓰기도 한다.

33. 다음 글의 밑줄 친 these가 구체적으로 가리키는 것은?

> A man was applying for a job as a prison guard. The warden said, "Now <u>these</u> are real tough guys in here. Do you think you can handle them?" "No problem.", the applicant replied. "If they don't behave, out they go!"

① applicants　　　　　　② guards
③ prisoners　　　　　　④ wardens

 prison guard (감옥의) 간수 / warden 교도 소장 / applicant 지원자 / behave 점잖게 처신하다. / apply for~ ~에 지원하다 / tough 거친

 어떤 사람이 감옥의 간수 자리를 지원하고 있었다. "그런데 이 곳에 있는 사람들은 정말로 거친 녀석들이오. 당신이 그들을 다룰 수 있다고 생각하십니까?"라고 교도 소장이 말했다. "문제 없습니다. 만약 그들이 얌전하게 굴지 않으면 쫓아내 버리죠."라고 그 지원자가 말했다.

정답 32. ② 33. ③

34. 다음 A, B의 대화에서 B의 대답으로 적당한 것은?

A : What does he do?
B : _____

① He does't like to do anything.   ② He's all right.
③ He plays tennis now.   ④ He's a lawyer.

 A는 직업을 묻는 말이다.
① 그는 아무것도 하고 싶지 않아 한다.
② 그가 전적으로 옳다.
③ 그는 지금 테니스를 친다.

A : 그는 무슨 일을 합니까?
B : <u>그는 변호사 입니다.</u>

35. 다음 대화의 밑줄 친 곳에 들어갈 적당한 것을 고르면?

Henry : May I borrow your calculator?
Cindy : Yes, but be sure to turn it off between each problem so the battery doesn't _____.

① carry over   ② push up
③ wear out   ④ get back

 ① ~을 미루다.
② ~을 올리다.
③ 낡아서 떨어지다.
④ 자기 집에 돌아오다.

헨리 : 계산기 좀 빌려줄 수 있겠니?
신디 : 그래, 하지만 전지가 다 닳지 않도록 계산하지 않을 때는 계산기를 꼭 끄도록 해라.

34. ④   35. ③

36. 다음 두 사람의 대화 중 밑줄 친 부분에 들어갈 내용으로 가장 적당한 것은?

> A : John knows how to be at home wherever he goes.
> B : _____.

① He has a good time at home
② I think he is a family man
③ He must be homesick
④ Yes, he knows how to relax

 A : John은 그가 가는 곳은 어디에서나 편히 있는 법을 안다.
B : _____
① 그는 집에서 즐거운 시간을 보낸다.
② 나는 그가 가정적인 남자라고 생각한다.
③ 그는 향수병에 젖었음이 틀림없다.
④ 그래, 그는 긴장을 푸는 법을 알고 있어.

37. 다음 문장 중 어법상 옳지 않은 것을 고르면?

① It is difficult for me to buy it.
② I find difficulty in buying it.
③ I find it difficult to buy it.
④ I am difficulty to buy it.

difficult, impossible, convenient, natural, necessary 등은 사람을 주어로 할 수 없다.

38. 다음 문장의 빈칸에 들어갈 알맞은 것은?

> Because she had never worked before, she had to find a job requiring a minimum of ( ).

① ambition
② experience
③ education
④ money

  36. ④ 37. ④ 38. ②

해석 그녀는 결코 전에 근무한 적이 없었기 때문에 최소한의 경험을 필요로 하는 직업을 구했어야만 했다.

39. Which had the same meaning to the underlined part?

> Can you give me a hand with this?

① pass me   ② help me
③ hold me   ④ connect me

• give a hand 도와주다(=help)

해석 이것을 좀 도와 주시겠습니까?

40. 다음 중 어법상 어색한 것을 고르면?

> ① Launched in 1993 by an eminent college professor, the dance company ② has played ③ a role in promoting global cultural exchange and ④ to introduce unique arts from different countries.

• ④ and는 평행구조를 이루기 때문에 앞의 in promoting에 맞춰 in introducing으로 하여야 옳다.

해석 1993년 대학의 한 저명한 교수에 의해 시작된 그 무용단은 세계문화 교류 증진과 다양한 나라의 독특한 예술을 소개하는데 일조를 했다.

정답 39. ② 40. ④

제 3회 적중예상문제

01. 다음 중 어법상 옳은 문장은 어느 것인가?
① Many a boy are likely to have their own job.
② A total of 300 students are studying in the library now.
③ Statistics shows that the population of our country is 45 million.
④ All work and no play makes Jack a dull boy.

  ①, ② are → is
③ statistics는 통계학의 의미일 때는 단수취급하며 통계의 의미일 경우 복수 취급한다.

02. Choose the one which best completes the following dialogue.

> A : Do you mind my smoking here?
> B : _____.
>   replies the lady, as she doesn't want him to.

① No, not at all   ② Yes, please don't
③ Of course not   ④ Yes, please do

  Would you mind~? 혹은 Do you mind~?에 대한 승낙의 대답은 부정을 뜻하는 not at all, of course not, certainly not 등이 된다.
대화의 내용으로 보아 B가 승낙하지 아니하므로 ④가 답이 된다.

03. 다음 밑줄 친 단어의 뜻이 나머지 셋과 다른 것은?
① The United States become involved to help the <u>Helpless</u>.

 01. ④ 02. ④ 03. ①

② Many times we are just <u>helpless</u>.
③ Human beings are <u>helpless</u> against the power of nature.
④ I've never felt more <u>helpless</u> than on that day.

① 미국은 <u>기댈 곳 없는</u> 사람들을 돕는 것에 동참하기 시작했다.
② 많은 시간이 우리를 단지 <u>무력</u>하게 할 뿐이다.
③ 인간은 자연의 힘 앞에 <u>무력</u>한 존재다.
④ 나는 그 날보다 더 <u>무력감</u>을 느껴보지 못했다.

04. 다음 문장 중 어법상으로 옳지 않은 것은?

① School begins from nine o'clock.
② He started for Suwon.
③ He started from Seoul.
④ There is a fly on the ceiling.

 begin at+시각 : ~시에 시작되다.

① 학교는 9시에 시작된다.
② 그는 수원을 향해 출발했다.
③ 그는 서울에서 출발했다.
④ 천정에 파리가 붙어 있다.

05. 다음 밑줄 친 단어의 어휘와 의미가 가장 가까운 것은?

Your apology cannot <u>atone</u> for the irreparable damage you have done to her reputation.

① make repayment   ② clumsy
③ prevent   ④ useful

정답 04. ① 05. ①

atone : 속죄하다. 보상하다. 배상하다. = do penance, expiate

당신이 사과를 한다고 해도 그녀의 명성을 회복할 수 없는 누를 끼친 데에 대해서는 보상할 수 없다.

06. Choose the one most suitable to the blank.

> A : Where's the church?
> B : The church _____ north of the town.

① stands ② lays
③ situated ④ situates

stand는 완전자동사로 목적어·보어가 필요 없는 1형식 문장에 쓰인다. 나머지는 타동사이다.

A : 교회가 어디 있나요?
B : 교회는 도시 북쪽에 있습니다.

※ Choose the one most suitable to the blank. (07~08)

07.

> A : May I help you?
> B : Yes, I'd like to buy some _____.

① blue furnitures ② blue furniture
③ blue's furniture ④ blue's furnitures

furniture(가구)라는 단어는 항상 단수취급을 하기 때문에 단수동사를 사용하여야 한다.

A : 도와드릴까요?
B : 네, 파랑색 가구를 좀 사고 싶은데요.

정답 06. ① 07. ②

08.

> He could not help _____ his lot.

① satisfying with   ② satisfy at
③ to be satisfied at   ④ being satisfied with

- cannot help + 동명사 ~할 수밖에 없다(＝cannot but + 동사원형)
  be satisfied with ~에 만족하다
- 그는 자신의 운명에 만족할 수밖에 없었다.

09. 다음 대화의 밑줄 친 부분에 들어갈 내용으로 옳은 것은?

> A : Which handbags belong to her mother?
> B : The _____.

① five large blue handbags.   ② blue large five handbags.
③ five blue large handbags.   ④ large five blue handbags.

- 명사 앞에 여러 개의 형용사가 올 경우에는 아래의 순서에 의하여야 한다.
  서수 → 대(大)·소(小) → 색깔, 따라서 ①의 순서가 옳다.
- A : 어느 손가방들이 그녀의 것입니까?
  B : 크고 파란 다섯 개의 손가방들입니다.

10. 다음 글을 읽고 빈칸에 들어갈 내용으로 옳은 것은?

> Natural tooth color ranges from bright white to a true yellow. A person's tooth color is inherited. Regular brushing and good dental care help keep teeth polished in their natural color. Smoking cigarettes and too much tea drinking _____ the teeth.

정답 08. ④   09. ①   10. ④

① change ② invert
③ perspire ④ stain

① 변화시키다 ② 전도시키다 ③ 땀을 흘리다 ④ 오손시키다, 더럽히다

선천적인 치아의 색깔의 범위는 밝은 색에서 순노랑까지이다. 어떤 사람의 치아의 색깔은 유전된다. 규칙적인 칫솔질과 치아에 대한 좋은 관심은 치아의 본래의 색깔을 계속 윤이 나게 하는 것을 도와준다. 흡연과 지나치게 차를 많이 마시는 것은 치아를 오손시킨다.

11. 다음 대화의 빈칸에 들어갈 가장 알맞은 것은?

A : I'm leaving now.
B : You've turned off the lights _____?

① didn't you ② hadn't you
③ haven't you ④ have you

부가의문문 문제이다. 주절이 have+p.p.인 경우 주절에서 "You have turned off…" 이므로 부가의문문은 "주절+have not…?" 이다.

12. Choose the best one to complete the dialogue.

A : It's very fine today. I want to climb up the mountain.
B : _____.

① So I do. ② So I am.
③ So I was. ④ So do I.

상대방에 동의를 나타내는 표현으로 A가 want라는 일반동사를 사용했으므로 B의 대답은 대동사인 do를 사용한다. 시제는 현재이고 So가 앞으로 나오는 문형이므로 「So+대동사(do)+주어」로 표현한다.

13. 다음 본문의 밑줄 친 부분과 의미가 가장 가까운 것은?

My father <u>renounced</u> smoking and drinking last week.

① gave up
② wrote down
③ delayed
④ beefed up

renounce : 포기하다, 버리다, 단념하다, 인연을 끊다.= give up
② 기록했다. ③ 지연시켰다. 미뤘다. ④ 보강했다.

14. 다음 우리말을 영어로 옮길 때 빈 곳에 알맞은 것은?

"그 일을 끝마치려면 시간이 얼마나 걸립니까?"
"How long will it take you _____?"

① so as to finish the work
② in order to finish the work
③ to finish the work
④ so for finishing the work

take+목적어+to do(it를 주어로 하는 경우가 많음) : (시간·노력 따위를) 필요로 하다.

15. 다음 밑줄 친 부분 중 가장 어색한 것은?

① <u>As soon as</u> I ② <u>saw</u> the smoke, I ③ <u>called</u> the fire department but they haven't arrived ④ <u>already</u>.

④ already는 긍정문에서 사용하므로 부정어 haven't가 있으므로 yet으로 해야 옳다.

<해석> 내가 연기를 보자마자 소방서에 전화를 했지만 <u>아직</u> 도착하지 않았다.

<정답> 13. ① 14. ③ 15. ④

제3회 적중예상문제

16. 다음 대화의 빈 칸에 들어갈 내용으로 알맞은 것은?

A : _____.
B : I live in Pusan.

① Where are you live? ② Where you live?
③ Do you live in Pusan? ④ Where do you live?

 ① are로 물었으므로 비문법적(are → living / do → live)
② you 앞에 (do)동사가 생략되었다.
③ 「부산에서 사시나요?」

해석 A : 어디에 살고 있습니까?
B : 부산에서 살고 있습니다.

17. 다음 밑줄 친 부분에 가장 적당한 단어는?

_____ workman complains of his tools.

① good ② trained
③ beginning ④ bad

 ① 훌륭한 직공 ② 훈련된 직공 ③ 초보직공 ④ 솜씨 없는 직공
※ 영국속담 : An ill workman always quarrels with his tool. (솜씨 없는 직공이 연장 탓만 한다.)

해석 직공은 자신의 연장에 불평한다(연장만 나무란다.)

18. 다음 문장 중 문법적으로 옳은 것은?

① He gave me an information.
② He was stolen his purse.
③ Three years have passed after I came here.

정답 16. ④ 17. ④ 18. ④

④ Do you believe in freedom and democracy?

① information은 불가산명사로 부정관사(a)를 사용할 수 없다.
② "지갑을 도둑맞다"의 표현은 He had his purse stolen이다.
③ 현재완료 구문에서 "~이래로"는 since를 사용(after ×)한다.

19. 다음 밑줄 친 ⓐ와 ⓑ에 들어갈 알맞은 것으로 연결된 것은?

- He had ___ⓐ___ got to the station when the train started.
- She ___ⓑ___ her failure to bad luck.

	ⓐ	ⓑ		ⓐ	ⓑ
①	no sooner	prescribed	②	scarcely	ascribed
③	immediately	described	④	directed	inscribed

"~하자마자 ~하다"의 표현 : scarcely~when = hardly~before [when]

① prescribe : 규정하다, 구독하다
② describe : 묘사하다, 기술하다
③ inscribe : 적다, 기록하다
④ ascribe A to B : A를 B의 탓(덕분)으로 돌리다(= attribute A to B : A를 B의 덕분(탓)으로 돌리다

- 기차가 출발하자마자 그는 간신히 역에 도착했다.
- 그녀는 실패를 불운 탓으로 돌렸다.

20. 다음 두 문장의 내용이 같도록 빈 칸에 들어갈 내용으로 옳은 것은?

He is not such a fool as to believe it.
He _____ to believe it.

① knows what   ② knows better than
③ is foolish enough   ④ is not so much as

 19. ② 20. ②

not such a fool as : ~할 만큼 그 정도로 <u>어리석지는</u> 않다.
= He <u>knows better than</u> to believe it.
not such~as = know better than to ~ = too wise to ~

그는 그것을 믿을 만큼 그 정도로 어리석지는 않다.

21. 다음 글의 내용으로 보아 영국에 대해 추론할 수 있는 것은?

In England medical care is national, which means the government pays for all medical care. But in the United States it is very private, which means each person pays for his own medical care. Everyone in England gets medical care, even the poor, but in the United States it is not like this. In America the poor sometimes get help from the government.

① A lot of travelers are strolling around the streets.
② Many English people are complaining of their poor standard of living.
③ Most of the English people wish to live in America.
④ The English have to pay much taxes for social welfare.

private 자기 부담의 / strolling 떠돌아다니는 / complaining 불평하다 / welfare 복지
④ 더 많은 복지혜택을 받기 위해서는 그 만큼의 세금을 더 내야 할 것이다.

영국의 병원 치료는 국가에서 해주는데, 이는 정부가 모든 치료비를 지불해 준다는 것을 의미한다. 하지만 미국에서는 개인이 내야 하는데, 이는 각 개인이 치료비를 지불해야 함을 의미한다. 영국에서는 모든 사람들이 병원 치료를 받을 수 있지만 미국에서는 그렇지 못하다. 미국에서는 때때로 빈민들이 정부의 지원을 받기도 한다.

22. 다음 빈 칸에 들어갈 내용으로 알맞은 것은?

The family never agree to _____ shares of the property.

① its ② his

21. ④ 22. ③

③ their ④ it's

> family - 집합명사 : 전체 중심의 내용 - 단수, 복수 모두 사용→ it 대명사
> 　　　　군집명사 : 개체 중심의 내용 - 복수동사→ they 대명사
> 따라서 후속동사는 복수형인 agree(단수였다면 agrees), 또 내용상 가족 구성원 각각의 개체를 드러낸다.

> 해석) 그 가족들은 그들의 재산분배에 절대로 동의하지 않는다.

23. 다음 글의 밑줄 친 단어와 바꿔 쓸 수 있는 것은?

> Although I didn't want to, I took the job because there was no <u>alternative</u>.

① opportunity　　　　② how
③ choice　　　　　　④ commend

> There is no choice but to~ : ~외에는 선택의 여지가 없다 = no alternative

> 해석) 비록 내가 원하지는 않았지만, 나는 직업을 구했다. 왜냐하면 선택의 여지가 없었기 때문이다.

24. 다음 내용이 표현하는 것으로 가장 적당한 것은?

> A branch of literature that deals with a person's real life is _____.

① novel　　　　　　② history
③ play　　　　　　④ biography

> autobiography 자서전 / ① 소설 ② 역사 ③ 연극 ④ 전기

> 해석) 어떤 인물의 실제 인생을 다룬 문학의 한 분야는 <u>전기</u>이다.

정답) 23. ③　24. ④

25. 다음 글의 대화가 이루어지는 장소는 어디인가?

> A : Where do you want to go?
> B : To the train station. I'm in a hurry.
> A : What time's your train?
> B : In ten minutes!
> A : Ten minutes! There's a lot of traffic now.
> 　　But I'll try!

① in an airplane　　② at a bus stop
③ in a train　　　　④ in a taxi

택시 안에서 승객과 택시기사 간의 대화이다.

해석　A : 어디로 갈까요?
　　　　B : 역으로 가주세요. 급합니다.
　　　　A : 몇 시 출발 열차입니까?
　　　　B : 10분 뒤에 출발합니다.
　　　　A : 10분이라구요. 지금 교통량이 많은데. 하지만, 한번 해보죠.

26. what word does the following definition explain?

> "study of the sun, the moon, and the stars"

① biology　　　　② literature
③ geography　　 ④ astronomy

① 생물학　② 문학　③ 지리학　④ 천문학

해석　태양과 달과 행성들에 관한 학문

정답　25. ④　26. ④

27. 다음 밑줄 친 단어와 의미가 같은 것은?

> I can't <u>put up with</u> her impoliteness any more.

① endure
② lest
③ get off
④ postpone

🎓 put up with 참다, 견디다 = endure = bear = tolerate = withstand.

해석 나는 더 이상 그녀의 무례함을 참을 수 없다.

28. 다음 문장의 ( ) 안에 들어갈 내용으로 가장 알맞은 것은?

> This machine is out of date, and (　　) for nothing.

① used
② unnecessary
③ good
④ valueless

🎓 good for nothing 아무짝에도 못 쓰는

해석 이 기계는 너무 낡았다, 그래서 아무짝에도 쓸모가 없다.

29. 다음 문장의 내용상 밑줄 친 부분에 들어갈 가장 적당한 것은?

> The president vetoed the bill. _____ it never became a low.

① Consequently
② Nevertheless
③ Furthermore
④ In addition

정답 27. ① 28. ③ 29. ①

① 결과적으로, 따라서 ② 그럼에도 불구하고 ③ 더군다나 ④ 게다가

대통령은 그 법안을 거부하였다. <u>결과적으로(따라서)</u> 그 법안은 통과하지 못했다.

30. 다음 단어의 의미가 셋과 다른 것은?

① large – enlarge
② absolute – relative
③ analysis – synthesis
④ negative – affirmative

① 큰-확대하다 ② 절대적-비교적, 상대적 ③ 분석-종합 ④ 부정적-긍정적

31. "Would you mind smoking?"에 대한 대답으로 알맞은 것은?

① Yes, of course.
② I'll do my best for you.
③ No, of course not.
④ No, thanks

mind의 대답 : 긍정 → No, I don't(mind) : 아니, 괜찮습니다. 피우세요.
　　　　　　부정 → Yes, of course : 안되겠는데요.
"담배를 피우면 안 될까요?"라고 상대방에게 물었는데 "Yes, of course"라고 대답하면 "네, 피우지마세요"의 뜻이 된다.

담배를 피워도 될까요?

32. 다음 문장의 밑줄 친 부분에 들어갈 내용으로 알맞은 것은?

> The train have made _____.

① us traveling comfortably
② for us travel comfortable
③ us travel comfortable
④ us to be comfortable travel

사역동사 make의 용법 : make+목적어+동사원형

 30. ① 31. ③ 32. ③

해석 기차는 우리를 편안하게 여행하게 한다.

33. 다음 문장의 빈 칸에 들어갈 내용으로 옳은 것은?

> I want to _____. It seems out of order.

① have this cassette recorder to be fixed
② have fixed this cassette recorder
③ have this cassette recorder fix
④ have this cassette recorder fixed

have+목적어+p.p.
this cassette recorder 자체는 스스로 '수리'를 할 수 없으므로, 사역동사로 수동의 의미이다.

34. 다음 밑줄 친 부분과 뜻이 가장 가까운 것은?

> It is not always easy to grasp the idea of what a writer means to convey.

① make for   ② make believe
③ make in   ④ make out

grasp the idea of 알아차리다, 이해하다 / make out 이해하다 / make believe ~로 믿게 하다, ~인 체하다 / make for ~쪽으로 가다. / make in ~에 들어가다.

35. 다음 문장의 밑줄 친 부분과 바꾸어 쓸 수 있는 것은?

> The story of Santa Claus is a myth cherished by children.

정답 33. ④ 34. ④ 35. ②

① forlorn　　　　　　② legend
③ dumb　　　　　　　④ excuse

　　myth 신화, 전설 = legend

　　산타클로스의 이야기는 어린이들에 의해 소중히 간직되는 전설이다.

36. "당신의 어머니께 안부 전해 주세요."의 표현으로서 적당하지 않은 것은?

① Please give my best compliments to your mother.
② Please remember me to your mother.
③ Please give your mother my best regards.
④ Please convey my worries about the health to your mother.

　　give my compliments to ~에게 안부 전해주세요.
　　④ 내 건강이 좋지 않다고 당신 어머니께 전해주세요.

37. 다음 대화의 밑줄 친 부분에 들어갈 내용으로 옳은 것은?

A : My sister can't work.
B : _____.

① Neither can my brother.　　② Either can my brother.
③ Neither can't my brother.　　④ So can't my brother.

　　[부정 동의] not~ either. = Neither+V+S
　　즉, My brother can't work either. = Neither can my brother.

　　A : 우리 누나는 일을 할 수가 없어.
　　B : 우리 형도 그래.

정답　36. ④　37. ①

38. 다음 대화의 밑줄 친 부분에 가장 알맞은 것은?

> A : Let's go to the movies tonight.
> B : O. K _____.
> A : Let me get the paper. Here's the page with the movie ads. Shall we go downtown or to a movie near home?
> B : Well, the movies near home are cheaper than the ones downtown.

① At what time? ② What for?
③ What's on? ④ With whom?

 ads(autograph document signed) 사인 있는 자필문서 / downtown 시내 / cheap 값이 싼

 A : 오늘 밤 영화구경 가자.
B : 좋아. 무엇이 볼 만한데?
A : 나에게 신문이 있어. 여기 영화 면이 있어. 우리 시내로 갈까 아니면 집근처의 영화관에 갈까?
B : 글쎄, 집근처 영화관들은 시내 영화관들보다 훨씬 가격이 저렴해.
① 몇 시에? ② 무엇 때문에? ③ 무엇이 볼만해? ④ 누구와?

39. 다음 문장을 영역한 것 중 가장 옳은 것은?

> 지금은 장마철이다.

① There is the rainy season now. ② It is the rainy season now.
③ It is rainy season now. ④ There is rainy season now.

'계절'을 나타내는 비인칭 주어 It을 사용한다.
'계절' 앞에는 정관사 the가 붙는다.

40. 다음 글의 밑줄 친 곳에 들어갈 내용으로 알맞은 것은?

> Many groups of young people volunteer to teach, without pay, the people of the poor communities how to read and write, how to take care of their water supply and how to better care for their farms and animals.
>
> Thus the formerly hopeless members of the communities see that all is not lost. They become _____ when they realize that they themselves can help make a better future.

① less discouraged
② more interested in making money
③ less satisfied with themselves
④ more disappointed

volunteer 자원봉사 / formerly 이전에 / less + 형용사(과거분사 포함) 덜 ~하다
① 덜 낙심하다.
② 돈을 버는데 더 많은 흥미 갖는다.
③ 그들 스스로 덜 만족하다.
④ 더 실망하다.

많은 젊은이들이 무보수로 가난한 지역의 사람들에게 읽고 쓰는 법, 물의 공급을 관리하는 법, 자신들의 농장과 동물들을 더 잘 관리하는 법을 가르치려고 자원봉사를 한다. 그래서 이전에 절망적이었던 사회 구성원들이 모든 것이 상실된 것은 아니라는 사실을 안다. 그들은 그들 스스로가 더 좋은 미래를 만드는 것에 도움을 줄 수 있다는 사실을 깨달을 때 덜 낙심하게 된다.

40. ①

제 4회 적중예상문제

01. 다음 문장의 밑줄 친 ⓐ와 ⓑ에 들어갈 내용으로 알맞은 것은?

- The price of the book was ___ⓐ___.
- The furniture is different from ___ⓑ___.

	ⓐ	ⓑ		ⓐ	ⓑ
①	high	that	②	mainly	your
③	cheap	that one	④	highly	ones

price high(비싸다) → expensive(price 단어가 포함된 내용)
low(싸다) → cheap(price 단어가 포함된 내용)
A be different from B : A는 B와 다르다.
A가 the furniture로 사물이므로 B는 that이 와야 한다.

02. 다음 대화의 빈칸에 공통적으로 들어갈 단어로 옳은 것은?

A : Let's meet somewhere later.
B : How about the street corner?
A : All right. What time shall we (   ) it.
B : Let's (   ) it at six in the evening.

① meet
② have
③ make
④ keep

make it : 시간에 알맞게 하다.
What time shall we <u>make it</u>. Let's <u>make it</u> at six.

해석 A : 나중에 어디선가 만나자.

 01. ① 02. ③

B : 거리 모퉁이가 어때?
A : 좋아. 몇 시로 정할까?
B : 저녁 6시로 하자.

03. 다음 글에 나타난 내용으로 옳은 것은?

> Although money in itself may not suffice to make people grand, it is difficult to be grand without money. Moreover, money made is the accepted measure of brains. A man who makes a lot of money is a clever fellow; a man who does not, is not.

① 돈이 없는 사람은 위대해 질 수 없다.
② 돈은 사람들의 두뇌의 척도가 되기도 한다.
③ 돈은 사람을 위대하게 만드는데 충분하다.
④ 돈이 없어도 위대해 지는 것엔 어려움이 없다.

suffice 충분하다, 족하다 / accepted 일반적으로 인정된, 용인된 / measure ~의 척도가 되다, 측정하다

돈 그 자체는 사람을 위대하게 만드는데 충분하지는 않으나, 돈 없이 위대한 것은 어려운 일이다. 심지어 벌어들인 돈은 두뇌의 일반적인 척도가 된다. 많은 돈을 번 사람은 똑똑한 사람이고, 그렇지 못한 사람은 바보가 된다.

04. 다음 대화의 빈 칸에 들어갈 알맞은 것은?

> A : "Did you miss the train?"
> B : "Yes, but I couldn't _____ it."

① miss   ② do
③ help   ④ catch

정답 03. ② 04. ③

🎓 cannot help : 어쩔 수가 없었다.

해석 A : "기차를 놓쳤니?"
B : "예, 하지만, 어쩔 수가 없었어요."

05. 다음 밑줄 친 부분에 들어갈 내용으로 알맞은 것은?

> Although its publicity has been ____ⓐ____, the film itself is intelligent, well-acted, handsomely produced, and altogether ____ⓑ____.

	ⓐ	ⓑ		ⓐ	ⓑ
①	perfect	spectacular	②	expensive	moderate
③	sophisticated	amateur	④	fine	crude

🎓 ① 완전한 - 눈부신　② 값비싼 - 적당한
③ 복잡한 - 전문가가 아닌　④ 좋은 - 가공하지 않은

해석 비록 광고가 <u>비싸지만</u>, 광고 자체는 지적이고, 잘 상영되며, 멋지게 제작되어서, 전반적으로 <u>적당하다</u>.

06. 다음 문장의 빈 곳에 들어갈 수 없는 것은?

> He was as ____ as I.

① old　　　　　　② big
③ tall　　　　　　④ bigger

🎓 as 원급 as : ~만큼 ~한
bigger는 비교급이라서 불가하다.

 05. ② 06. ④

07. 다음 밑줄 친 ⓐ와 ⓑ에 들어갈 내용으로 가장 적당한 것은?

- The ____ⓐ____ part of the story was not so exciting as the former.
- Mr. Kim is not ____ⓑ____ he used to be.

	ⓐ	ⓑ		ⓐ	ⓑ
①	later	who	②	last	as
③	latter	what	④	latest	that

🎓 The former 전자, 전반부 / The latter 후자, 후반부
What he was = What he used to be : 과거의 그 사람
What he is : 현재의 그 사람
What = the man who

해석 • 이야기의 후반부는 전반부만큼 흥미롭지가 않았다.
• 김씨는 과거의 그가 아니다.

08. 다음 두 문장이 같아지려면, 밑줄 친 부분에 들어갈 적당한 단어는?

- He is not so much diligent as wise.
- He is _____ than diligent.

① no more wise ② more wise
③ no less wise ④ wiser

🎓 not so much A as B = more B than A = B rather than A

해석 그는 현명한 것만큼이나 부지런하지는 않다.
그는 부지런하기보다는 현명하다.

09. 다음 중 밑줄 친 부분에 들어갈 가장 적당한 단어는?

Automobile production of the present time has been increased _____.

정답 07. ③ 08. ② 09. ③

① infinitely   ② highly
③ on a large scale ④ greatly

   ① 무한히, 끝없이 ② 높이, 대단히 ③ 대규모로 ④ 크게, 대단히

현대의 자동차 생산량은 대규모로 증가하고 있다.

10. 다음 대화에서 밑줄 친 부분에 들어갈 내용으로 알맞은 것은?

> A : Excuse me, sir. _____.
> B : I'm sorry, but I'm a stranger here.

① What is this?   ② Where is here?
③ Where I am?   ④ Where am I?

 " I'm a stranger here"은 길을 묻는 질문에 대해 잘 모를 때 하는 것이므로, A에서 위치나 길을 묻는 질문이 와야 한다.

11. 다음 문장의 밑줄 친 부분의 의미가 셋과 다른 것은?

① The accident victim fell helpless on the street.
② He lay helpless on the floor.
③ I am helpless in that matter.
④ The ship was helpless against the power of the storm.

   ① 그 사고 피해자가 길거리에 힘없이 쓰러졌다.
② 그는 바닥에 속수무책으로 누워 있었다.
③ 나는 그 문제에 대해서는 속수무책이었다.
④ 그 배는 폭풍의 힘 앞에 속수무책이었다.

12. 다음 대화의 빈 칸에 들어갈 내용으로 알맞은 것은?

A : "Will you go home this weekend?"
B : "No, and _____."

① neither Tom will
② neither will Tom
③ so won't Tom
④ Tom won't too

'역시(또한) ~않다'라는 뜻으로 neither를 쓸 때는 neither + 동사 + 주어 순이다.

A : "주말에 집에 갈 작정이니?"
B : "아니, 탐도 역시 가지 않을 거야."

13. Choose the best translation of the following in English.

그처럼 사느니 차라리 죽는 편이 낫겠다.

① I prefer dying to living like that.
② I would rather die than to live like that.
③ I had better dying than living like that.
④ I would rather live like that than die.

Would rather A than B : B하느니 차라리 A하겠다(A와 B는 원형 또는 명사)
= prefer A to B

14. 다음 글에 나타난 내용으로 옳은 것은?

The only thing in the world which one can never receive or give too much is love. One does not spoil children by giving them too much, but by giving them too little.

① 아무리 많이 받고 주어도 지나치지 않는 것은 사랑이다.
② 사랑은 결코 많이 주어서는 안 된다.
③ 사랑을 적게 주어야 아이들이 훌륭하게 된다.
④ 사랑을 많이 주면 아이들을 망치게 된다.

해석 아무리 많이 받거나 주어도 결코 지나치지 않는 세상에서 유일한 한 가지는 사랑이다. 너무 많은 사랑을 주기 때문에 아이들을 망치는 것이 아니라 너무 적게 주기 때문에 아이들을 망치게 된다.

15. 다음 문장 중 나머지 셋과 뜻이 다른 것은?

① May I ask a favor of you?
② Do me a favor?
③ Do you a favor, will you?
④ I have a favor to ask of you.

 ①, ②, ④는 「부탁을 해도 될까요?」라는 표현으로 정해진 표현 양식이다
③ Will you do me a favor?로 표현하면 같은 의미가 된다.

16. 다음 대화의 밑줄 친 부분에 들어갈 내용으로 옳은 것은?

A : I'm lost. Is this the way to Seoul station?
B : _____. This is to Yongsan station.

① Certainly
② Surely
③ That's right
④ No. You're on the wrong road

 ① 물론입니다 ② 확실히 ③ 옳습니다. ④ 아니요, 길을 잘못 찾으셨군요.

해석 A : 길을 잃었어요. 이쪽이 서울역 가는 길인가요?
B : <u>아니요, 길을 잘못 찾으셨군요</u>. 이쪽은 용산역 가는 길입니다.

정답 15. ③ 16. ④

17. What does the underlined it mean?

> A : <u>It</u>'s an indoor game between two teams.
> B : In Korea, <u>it</u> is one of the most popular sports in the winter.
> C : Each team needs five players to play <u>it</u>.

① basketball   ② football
③ baseball   ④ volleyball

 ① 농구 ② 축구 ③ 야구 ④ 배구

A : 두 팀이 하는 실내경기이다.
B : 한국에선 겨울에 가장 인기 있는 경기 중의 하나이다.
C : 각 팀은 경기를 위해서 5명씩 필요하다.

18. 다음 물음에 대한 답으로 옳은 것은?

> If $ 600 is borrowed from your local bank at 6% per year for one year, how much interest must be paid?

① $ 1.50   ② $ 20.00
③ $ 36.00   ④ $ 3.6

 $ 600 $\times \dfrac{6}{100}$ % = $ 36

 만약 지방은행에서 600만달러를 연리 6%로 1년간 빌렸다면, 얼마의 이자가 지불되어야 할까?

19. 다음 중 밑줄 친 부분에 들어갈 내용으로 가장 적당한 것은?

> STATUE is to SCULPTOR as VERSE is to _____ .

17. ① 18. ③ 19. ②

① Musician ② Poet
③ Craftsman ④ Architect

> A is to B as C is to D : A가 B인 것과 같이 C는 D이다.

> 상(像)이 조각품인 것과 같이 운문은 시이다.

20. What is the topic of the following paragraph?

"Pollution comes from many different sources. In our city most of the pollution in the air comes from cars. Pollution of the rivers comes from factories beside the rivers. Pollution of the land comes from smoke and gases in the air, and from chemicals in the water."

① sources of pollution ② air pollution
③ pollution of the earth ④ pollution of the rivers

> 주제는 "오염의 원인"에 관한 것이다.

> 오염은 여러 가지 다른 원인에서 발생한다. 우리 도시에서는 대부분의 공기 오염은 자동차에서 발생한다. 강의 오염은 강 옆의 공장들에서 발생한다. 토지의 오염은 공기 속의 스모크와 가스 그리고 물속의 화학 물질로부터 나온다.

21. 다음 대화의 밑줄 친 부분에 들어갈 수 없는 것은?

A : Excuse me. How can I get to Seoul station?
B : Turn left at the second traffic light. It's on the right.
A : Thanks a lot.
B : _____.

① Not at all ② About the same
③ You're welcome ④ Don't mention it

20. ① 21. ②

Thank you에 대한 답변 「천만에요」이며, "천만에요"는 ①, ③, ④ 외에 It's my please로 대답한다.

22. 다음 중 괄호 안에 들어갈 내용으로 적당한 것은?

A : "Which pen do you want?"
B : "I prefer (   ) this red pen to that blue one."

① have   ② to have
③ having   ④ had

prefer A to B : B보다 A를 더 좋아하다
A, B는 ~ing 분사형이어야 한다(동사일 경우).

23. 다음 밑줄 친 ⓐ와 ⓑ에 들어갈 내용으로 알맞은 것은?

• There is no ___ⓐ___ for taste.
• This dictionary is ___ⓑ___.

	ⓐ	ⓑ		ⓐ	ⓑ
①	saying	old-fashioned	②	degree	temporary
③	limiting	handy	④	accounting	out of date

account for : ~을 설명하다 / There is no ~ing : ~할 수는 없다. / old-fashioned 옛날식 / temporary 일시적인 / handy 솜씨 있는 / out of date 쓸모 없는

 • 맛을 설명하는 것은 불가능하다.
• 이 사전은 쓸모없다.

정답 22. ③   23. ④

24. 다음 밑줄 친 부분과 뜻이 같은 것으로 연결된 것은?

A : Why do you <u>ridicule</u> that girl's dress?
B : "This regulation should be obeyed <u>to the letter</u>."

	A	B		A	B
①	talk about	seriously	②	get rid of	commonly
③	ask questions about	generally	④	make fun of	faithfully

> ridicule 조소하다, 비웃다
> ① 충실하게 ② 일반적으로 ③ 대개 ④ 심각하게

> A : 왜 그 소녀의 옷을 비웃느냐?
> B : 이 규칙은 글자 그대로 준수되어야 한다.

25. 다음 밑줄 친 부분 중 어법상 가장 어색한 것은?

① <u>While</u> some ② <u>of lawyers</u> would endorse the opposite view, ③ <u>most</u> would probably agree ④ <u>that</u> freedom of the press is not absolute.

> ② some of+명사 구조에서 명사는 반드시 정관사 the를 붙이거나 소유격이 있어야 하므로 of the lawyers로 하여 옳다.

> 일부 변호사들이 반대 의견을 인정하기는 하겠지만 대부분은 언론의 자유가 절재적인 것은 아니라는 데 동의할 것이다.

※ 다음 문장의 빈 칸에 들어갈 가장 알맞은 것을 고르시오. (26~27)

26.

Mr. Lee is a very _____ man because he is always talking about himself.

① tired   ② exhausted
③ bored   ④ boring

정답 24. ④ 25. ② 26. ④

Mr. Lee is a very boring man. (지루한 남자)

해석 Mr 리는 매우 지루한 남자다. 왜냐하면 그는 언제나 그 자신에 대해서만 이야기한다.

27.

Two men _____ at a quarry were injured yesterday afternoon.

① were working   ② worked
③ working   ④ work

 Two men who were working at a~ = working

해석 채석장에서 일을 하고 있던 두 남자는 어제 오후 상처를 입었다.

28. Select the pair that best expresses a relationship similar to the example.

ex) fly : web

① cat : milk   ② spider : spinning
③ fish : net   ④ tennis : racket

① 고양이 : 우유   ② 거미 : 거미줄을 치다   ③ 물고기 : 그물   ④ 테니스 : 라켓
따라서 파리는 거미줄에 잡힌다. → 물고기는 그물에 잡힌다.
ex) fly : web = 파리 : 거미집(거미줄)

29. 다음 문장의 괄호 안에 들어갈 가장 알맞은 말은?

The language (   ) in this island is not English.

 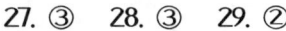 27. ③   28. ③   29. ②

① speak   ② spoken
③ spoke   ④ speaking

 The language which is spoken in this ~ = spoken
※ 관계사 + be동사는 생략 가능

해석 이 섬에서 사용되는(말해지는) 언어는 영어가 아니다.

30. 다음 빈 칸에 글을 보충하여 가장 자연스러운 대화가 되도록 한 것은?

A : Say, Bill, would you like to go camping sometime this month?
B : _____.
A : Probably just the two of us.

① I'd like to, but it is likely to rain.
② Sure, Fred and Jim would like to go to.
③ I'd love to, but I've heard it's crowded now.
④ Fine, as long as it's weekend. By the way, who's going?

해석 A : 이봐, 빌 이번 달 언제 캠핑가지 않을래?
B : 좋아, 주말 동안이라면. 그런데 누가 가지?
A : 아마도 우리 둘만.

31. 다음 대화의 괄호 안에 들어갈 가장 적당한 말은?

A : "Those girls are identical twins, aren't they?"
B : "Yes, they look exactly (   )."

① same   ② likely
③ like   ④ alike

정답 30. ④ 31. ④

제 4회 적중예상문제

> look alike ~같아 보이다

해석 "저 소녀들은 똑같은 쌍둥이들이다. 그렇지 않니?"
"그래, 똑같아 보인다."

32. 문장 전체의 뜻이 통하도록 _____에 들어갈 알맞은 것을 고르면?

> Ignorance is the mother of suspicion. We can rid ourselves of our suspiciousness only by_____.

① forgetting its existence   ② analyzing it
③ procuring more knowledge   ④ pondering on it

> ① 그 존재를 망각하여 ② 분석해서 ③ 지식을 더 얻어서 ④ 깊이 생각하여

해석 무시는 의심의 모체이다. 우리는 스스로에게서 무시가 의심의 모체임을 깊이 생각하여 의심함을 제거할 수 있다.

33. 다음 밑줄 친 단어의 내용으로 가장 적당한 것은?

> Telephone is useful and convenient for many reasons. However, it is in emergencies that the telephone really proves its usefulness. Telephone is an <u>indispensable</u> instrument in modern life.

① unimportant   ② especially cheap
③ absolutely necessary   ④ almost useless

> indispensable : 없어서는 안 될, 필수불가결한
> ① 중요하지 않은 ② 특별히 싼 ③ 절대 필수적인 ④ 거의 소용없는

해석 전화는 많은 이유에서 유용하며 편리하다. 그러나 정말로 전화의 유용성을 입증하는 것은 위급한 상황에서이다. 전화는 현대 생활에 있어서 없어서는 안 될 도구이다.

정답 32. ④   33. ③

34. 다음 문장의 밑줄 친 곳에 들어갈 가장 알맞은 것은?

> This position requires some _____ design experience

① prevalent   ② previous
③ precious   ④ present

 ① 유행하는 ② 사전의 ③ 귀중한 ④ 현재의

이 직책은 사전의 디자인 경험이 요구된다.

35. 다음 문장 중 옳지 어법상 옳지 않은 것은?

① A pickpocket robbed her of her purse.
② He owes his success to his teacher.
③ He rid himself from a bad habit.
④ I persuaded him into doing it.

① rob A of B(=deprive A of B) : A에게서 B를 빼앗다.
② owe A to B : A는 B의 덕택이다.
③ rid A of B : A에게서 B를 제거하다, B에서 벗어나다.
④ reason A into B : A를 설득하여 B하게 하다.

 ① 소매치기가 그녀의 지갑을 훔쳐 갔다.
② 그의 성공은 스승 덕택이다.
③ 그는 악습에서 벗어났다.
④ 나는 그를 설득하여 그것을 하게 하였다.

36. 다음 중 밑줄 친 부분과 의미가 같은 것으로 연결된 것은?

> A : The little dog cried out in pain.
> B : It is up to us to look after our countryside and wild life.

정답) 34. ② 35. ③ 36. ④

① gulped — taker after　② carried — attends on
③ flipped — is good to　④ yelped — depends on

> ① 꿀꺽꿀꺽 마시다 – ~을 닮다
> ② 황홀해진, 제정신을 잃은 – 돌보다
> ③ (손톱, 손가락으로) 톡치다 – ~하는 것이 좋다.
> ④ 캥캥하고 울다(짖다) – ~에 달렸다.

해석　A : 작은 강아지는 아파서 <u>큰 소리로 짖었다</u>.
　　　B : 시골과 야생생활을 돌보는 것은 <u>우리에게 달렸다</u>.

37. 다음 내용의 정의를 가장 잘 표현한 말은?

> A room or building used for scientific experiments, expecially in chemistry.

① cellar　　　　　　　② laboratory
③ laundry　　　　　　 ④ theatre

> ① 지하실　② 실험실　③ 세탁소　④ 극장

해석　과학 실험용으로 사용되거나, 특히 화학 실험에서 사용되는 방이나 건물

38. 다음 대화에서 밑줄 친 곳에 들어갈 알맞은 말은?

> John : Will you go fishing next Sunday?
> Tom : What date is that, John?
> John : _____. it will be the 16th.

① Let me see　　　　　② Of course
③ All right　　　　　　④ Oh, I'm sorry

> ① 어디보자　② 물론　③ 좋아　④ 미안해

정답　37. ②　38. ①

해석
John : 다음 일요일에 낚시하러 갈까요?
Tom : 존, 그날이 며칠이지?
John : (어디보자). 16일 일꺼야.

39. 다음 대화를 완성하기에 적당한 말은?

> A : How long does it take to get to Seoul Station?
> B : _____ about 30 minutes on foot.

① It lasts   ② It takes
③ It makes   ④ It goes

🎓 on foot 걸어서, 도보로 / last 지속하다, 계속하다

해석 A : 서울역까지 도착하는데 얼마나 걸릴까요?
B : 걸어서 30분 정도 걸립니다.

40. Choose the correct answer in the blank below.

> I paid twenty dollars for the radio to be repaired.
> = It _____ me twenty dollars to have the radio repaired.

① cost   ② charge
③ dispensed   ④ took

🎓 I pay = It cost.(고정표현) : cost + 사람 + 비용(비용이 ~들다.)

해석 라디오 수리에 20불을 썼다.

정답 39. ② 40. ①

제 5회 적중예상문제

01. 다음 글에서 문법상 가장 어색한 것은?

> The fact that someone is ① <u>interested enough to give help</u> to poor villagers ② <u>often work</u> wonders. The villagers become interested in helping themselves. They become ③ <u>less discouraged</u> when they realize that they themselves can ④ <u>help make</u> a better future .

 give help to ~ = help ~ = ~를 돕다 / work wonder 기적을 만들어 내다 / discouraged 낙심한 / less + 형용사(과거분사 포함) 덜 ~하다
① ~에 관심이 있다.라는 표현은 반드시 수동태인 'be interested (in)'의 형태로 써야 하므로 옳다.
② work의 시제가 현재이므로 works로 써야 한다.
③ less discouraged : less + 형용사(과거분사 포함) 덜 낙심하다라는 뜻으로 옳다.
④ help 다음에 나오는 to 부정사는 to를 생략하고 동사 원형만 쓸 수 있어 옳다.

해석 누군가가 가난한 마을 사람들을 도울 수 있을 정도로 충분히 관심이 있다는 사실은 종종 기적을 만들어 냈다. 마을 사람들은 스스로를 돕는 데 관심을 가지게 된다. 그들은 자신들이 더 나은 미래를 만들도록 도울 수 있다는 것을 깨달을 때 덜 낙심하게 된다.

02. 다음 밑줄 친 부분과 의미가 같은 것은?

> My wife wants me to <u>do away with</u> this nice old hat.

① wear
② purchase
③ tear
④ throw away

 do away with 없애다, 처치하다.
① 입다(쓰다) ② 구입하다 ③ 찢다 ④ 버리다

정답 01. ② 02. ④

해석 아내는 이 훌륭한 낡은 모자를 내가 버리기를 원한다.

※ 밑줄 친 부분과 의미가 같은 것을 고르시오. (03~04)

03. As a rule, I like to drink coffee in the morning.

① Lately ② Probably
③ Usually ④ As to a rule

① 최근에 ② 아마도 ③ 보통, 일상적으로 ④ 규칙에 관해

해석 대개, 나는 아침에 커피를 마신다.

04. The man had been outlived his wife.

① defensed ② beloved
③ survived ④ envied

① 방어하다 ② 사랑하는 ③ 더 오래살다, 살아남다 ④ 부러워하다.

해석 그 남자는 부인보다도 더 오래 살았다.

05. 다음 글의 밑줄 친 ⓐ와 ⓑ에 들어갈 내용으로 옳은 것은?

- In the hot weather the ice will soon ⓐ .
- I'd like to go swimming. "So ⓑ ."

ⓐ　　ⓑ　　　　ⓐ　　ⓑ

정답 03. ③　04. ③　05. ④

① freeze   had I   ② cold   do I
③ preserve   I do   ④ melt   would I

 ① 얼다 ② 차가운 ③ 보전(유지)되다 ④ 녹는다
I would like to 이므로, 긍정 동의 : So+동사+주어(동사는 앞 문장에 일치)
　　　　　　　　　부정 동의 : Neither+동사+주어

해석 • 더운 날씨에서는 얼음이 빨리 녹는다.
 • 수영하러 가고 싶다. 나도 그래.

06. 다음 문장의 빈 칸에 들어갈 알맞은 것은?

> He ran back into the room to see if he had _____ anything behind.

① forgotten   ② lost
③ remained   ④ left

 주절의 ran back은 과거이므로, 목적절(if절)은 한시제 앞서야 한다.
따라서 과거완료(had p.p)를 써야 한다(had left).

해석 그가 뒤에 무엇인가를 남겨 두었는지 아닌지를 보려고 방으로 되돌아갔다.

07. 다음 물음에 대한 가장 적절한 대답은?

> Am I supposed to do this work all by myself?

① No, John will help you.   ② Yes, I'll do it.
③ Yes, I'll help you.   ④ No, thanks. I'll do it.

내용상 : Yes가 나오면 - 의문의 내용에 긍정이고, No가 나오면 - 의문의 내용에 부정이다.
「아니, 존이 도와줄 것이다.」 내용상 질문에 부정
② Yes → No ③ Yes → No ④ thanks 생략

해석 나 혼자서 이 일 모두를 하기로 되어 있나요?

정답 06. ④ 07. ①

08. 다음 글에서 나타나 있지 않은 것은?

I saw a delicate flower had grown up, two feet high between the horses' path and the wheel-track. An inch more to right or left had sealed its fate, or an inch higher; and yet it lived to flourish as much as if it had a thousands acres of untrodden space around it.

① 꽃이 왼쪽으로 1인치만 더 비껴 있었더라면 운명을 다했을 것이다.
② 꽃이 1인치만 더 높이 자랐더라면 살지 못했을 것이다.
③ 꽃은 바퀴가 지나간 자리 사이에 피어 있었다.
④ 아름다운 꽃이 2피트 1인치나 자란 것을 보았다.

> delicate 우아한, 가련한 / sealed 포장된, 봉인을 한 / fate 운명 / flourish 잘 자라다 / untrodden 발길이 닿지 않은

> 나는 마차 길과 바퀴가 지나간 자리 사이에 가련한 꽃 한 포기가 2피트나 자란 것을 보았다. 오른쪽이나 왼쪽으로 1인치만 더 비껴 있었거나 1인치만 더 높이 자랐더라면 그 꽃의 운명은 다했을 것이다. 그런데도 그 꽃은 마치 둘레에 발길이 닿지 않은 땅을 수천 에이커나 끼고 있는 것처럼 자라서 꽃을 피우고 있었다.

09. 다음 괄호 안의 ⓐ와 ⓑ에 들어갈 알맞은 단어는?

- If I (ⓐ) be born again, I would never be a sailor on this rough sea.
- It is strange that she (ⓑ) have married such an old man.

	ⓐ	ⓑ		ⓐ	ⓑ
①	were to	should	②	should	could
③	can	might	④	may	would

> 가정법 과거의 문제 : 현재사실에 반대(즉, 현재는 선원이며, 다시 태어나지도 못했다.)
> If I were to ~ : 가정법 과거
> should 조동사의 '감성적 판단': It is strange that ~ should have p.p = odd = curious = wonderful = stonishing

 08. ④ 09. ①

해석
- 내가 만약 다시 태어난다면, 나는 이 거친 바다 위에서 절대로 선원이 되지 않을 거다.
- 그렇게 나이 많은 노인과 결혼했어야 했다니 이상한 일이다.

10. 주어진 문장에 이어질 글의 순서가 가장 알맞은 것은?

> Many couples have their first baby very soon after they marry.

> ⓐ There are also couples who prefer to wait a few years before they have any children.
> ⓑ They believe that it is important to establish a solid husband-wife relationship before they take on the responsibilities of parents.
> ⓒ Perhaps they think it is important to start a family as soon as possible.

① ⓐ-ⓑ-ⓒ   ② ⓒ-ⓐ-ⓑ
③ ⓑ-ⓐ-ⓒ   ④ ⓐ-ⓒ-ⓑ

 establish 확립하다 / solid 확실한, 견고한, 믿을 수 있는 / responsibility 신뢰성, 책임

 많은 부부들이 결혼한 후 곧바로 첫 아이를 낳는다.
ⓒ 그들은 가능하면 빨리 첫 아이를 갖는 것이 중요하다고 생각하는지도 모른다.
ⓐ 아이를 낳기 전에 몇 년을 기다리는 것을 더 선호하는 부부들도 있다.
ⓑ 그들은 부모로서의 책임을 맡기 전에 견고한 부부 관계를 확립하는 것이 중요하다고 믿는다.

※ 괄호 안에 들어갈 알맞은 단어를 찾으시오. (11~12)

11.

> A : "Who should go to see the boss of this construction firm?"
> B : "We suggest that Mr. Kim (   ) to see him."

① went   ② may be going

 10. ② 11. ④

③ would go   ④ go

> suggest that + (should) + 동사 원형
> = <u>insist</u> = <u>demand</u> = <u>command</u> = <u>agree</u>
> 충고, 제안, 명령, 요구, 동의 등의 동사절에서 that 이하는 should가 생략가능하다.
> 따라서 Mr. Kim <u>should</u> go to see him
>   생략가능

해석 A : "누가 이 건설회사 사장님을 만나러 가야 되나요?"
B : "김씨가 갈 것을 제안합니다."

12.

The ticket is (　　　　　) for one month.

① available   ② helpful
③ practical   ④ useful

① 유효한 ② 도움이 되는 ③ 실질적인 ④ 사용할 수 있는

해석 표는 한 달 동안 유효하다.

13. 다음 대화의 밑줄 친 부분에 들어갈 가장 알맞은 것은?

"May I _____ your telephone?"
"I'd like to call a friend of mine."

① speak   ② ring
③ borrow   ④ use

해석 당신의 전화를 사용해도 될까요? : May I <u>use</u> your telephone?
친구에게 전화하고 싶은데요.

14. 다음 문장 중 옳은 표현에 해당하는 것은 어느 것인가?

① He is two inches taller than me.
② She is braver than candid.
③ His ingenuity in mathematics is greater than Einstein.
④ The more we suspect others, the more they will suspect us.

① me는 주어 he와 비교되므로 같은 주격 I가 와야 옳다.
② 동일인의 다른 성질 비교는 more로 나타내므로 braver를 more brave로 하여야 한다.
③ 비교대상의 일치를 위하여 Einstein을 Einstein's로 하여 Einstein's ingenuity의 뜻이 되게 해야 한다.
④ 'the + 비교급 ~, the + 비교급 = ~하면 할수록 그만큼 더 ~한다.'의 뜻이다.

15. 다음 대화의 밑줄 친 부분에 들어갈 적당한 것은?

A : "You should go home now."
B : "I will wait here until Mary _____ tomorrow."

① is coming   ② comes
③ will come   ④ would come

until 이하는 시간 부사절이므로, 주절이 미래이더라도 현재시제를 쓴다.

A : "지금 집에 가야만 한다."
B : "Mary가 내일 올 때까지 여기서 기다릴 것이다."

16. 다음 우리말을 영어로 가장 적절하게 옮긴 것은?

너는 어젯밤에 TV에서 방영한 영화를 보았니?

① Have you seen the movie on TV last night?

 14. ④ 15. ② 16. ①

② Were you seen the movie on TV last night?
③ Did you see the movie on TV last night
④ Had you seen the movie on TV last night?

 과거의 경험에 대한 질문으로 현재완료는 과거의 어느 시점에서 현재까지의 완료, 결과, 경험, 계속 등을 나타낸다.
have seen the movie 영화를 보다 / last night 어젯밤 / on TV TV에서 방영한
Have you (ever) seen the movie on TV last night?

17. 다음 대화의 빈 칸에 들어갈 적당한 것은?

> A : "All the people in this village have black hair."
> B : "Yes, they all _____ each other."

① resemble as   ② resemble to
③ resemble   ④ resemble from

 resemble은 타동사이므로 전치사를 취하지 않음(~을 닮다).

 A : "이 마을에 사는 모든 사람들은 검은색 머리칼이다."
B : "예, 그들은 모두 서로 닮았습니다."

18. 다음 밑줄 친 out of의 뜻이 셋과 다른 것은?

① The storm drove the ship <u>out of</u> its course.
② I just came <u>out of</u> a strange dream.
③ She married her way <u>out of</u> poverty.
④ The educational policy helped lift children <u>out of</u> poverty.

 ① 폭풍 때문에 그 배는 항로에서 벗어났다.
② 이상한 꿈에서 막 깨어났다.
③ 그녀는 결혼하여 가난에서 벗어났다.
④ 그 교육 정책은 학생들이 빈곤으로부터 벗어나도록 도와주었다.

정답 17. ③   18. ②

19. 다음 밑줄 친 ⓐ와 ⓑ에 들어갈 내용으로 옳은 것은?

- The ___ⓐ___ we go, the smaller and lighter are the particles of dust in the air.
- Reading is to the mind ___ⓑ___ food is to the body.

	ⓐ	ⓑ		ⓐ	ⓑ
①	highest	whose	②	more high	which
③	higher	what	④	high	whatever

🎓 The 비교급, the 비교급 : (비교급) 하면 할수록 더욱 더 (비교급) 해진다.
The higher, the smaller and lighter~.
A is to B as C is to D = A is to B what C is to D

【해석】
- 우리가 높이 올라갈수록, 공기 중의 먼지 입자는 더 작고 가벼워진다.
- 독서가 마음에 이르는 영향은 음식이 신체에 이르는 영향과 같다.

20. 다음 문장 중 문법적으로 옳은 것은?

① The price of land is very expensive here.
② We need a big amount of money.
③ I am afraid on her doing it.
④ They are deeply devoted to each other.

🎓 ① price(가격), supply(공급), demand(수요), salary(봉급), sale(판매), standard(기준, 수준)의 '많다, 적다'의 표시를 high나 low로 한다. 그러므로 expensive를 high로 바꾸어야 한다.
② number(수), expense(비용), family(가족), income(수입), sum(금액), population(인구), audience(청중), change(거스름돈)의 '많다, 적다'의 표시를 large나 small로 해야 하므로 big을 large로 바꾸어야 한다.
③ ~을 두려워하다는 be afraid of이므로 on을 of로 바꾸어야 한다.

【정답】 19. ③　20. ④

21. 다음 대화의 빈 칸에 들어갈 내용으로 알맞은 것은?

> A : "Does Jane like _____?"
> B : "I bet she does."

① play the piano ② to play piano
③ playing piano ④ to play the piano

> play the + 악기이름, 따라서 to play the piano가 정답

> A :"Jane은 피아노를 연주하는 것을 좋아하니?"
> B :"분명히 좋아해."

22. 다음 문장의 밑줄 친 단어와 반대 의미인 것은?

> I have respect for his natural ability as a doctor.

① reasonable ② immense
③ acquired ④ handmade

> natural 선천적인, 타고난
> ① 이성적인 ② 거대한 ③ 획득한, 후천적인 ④ 인공적인

> 의사로서의 그의 타고난(선천적) 능력을 존경한다.

23. 다음 대화의 빈 칸에 들어갈 가장 적당한 것은?

> A : I'll pick you up at six to the airport.
> B : _____. I'll take a taxi.

① Thanks a lot ② Don't be silly
③ Don't mention it ④ Don't go to that trouble for me

정답 21. ④ 22. ③ 23. ④

제 5회 적중예상문제   89

> **해석** A : 6시에 공항까지 태워드리죠.
> B : <u>저 때문에 일부러 그러지 마세요</u>. 택시를 탈겁니다.
> ① 고맙습니다 ② 어리석군요 ③ 천만예요 ④ 저 때문에 일부러 수고하시지 마세요

24. 다음 밑줄 친 부분과 같은 의미인 것은?

> I gave her a difficult problem and she solved it <u>offhand</u>.

① right now   ② by and by
③ on and off   ④ in order

> **해석** 그녀에게 어려운 문제를 주었고, 그녀는 그것을 <u>즉석</u>에서 풀었다.
> ① 당장 ② 곧, 머지않아 ③ 때때로 ④ 순서대로

25. 다음 밑줄 친 ⓐ와 ⓑ에 들어갈 내용으로 알맞은 것은?

> • They elected Bush _____ⓐ_____ of the U.S.A. in 1989.
> • All of a sudden, he caught me by _____ⓑ_____.

	ⓐ	ⓑ		ⓐ	ⓑ
①	President	the arm	②	the President	arm
③	a President	an arm	④	one President	arms

> President 관사의 생략 ㉠ 관직, 신분, 직위 ㉡ by+교통, 통신 수단 ㉢ 동일명사의 반복
> 접촉동사+목적어+전치사+the+신체부위
> (caught) (me)   (by)   (the) (arm)

> **해석** • 그들은 부시를 1989년에 미합중국의 대통령으로 선출했다.
> • 갑자기, 그는 내 팔을 잡았다.

정답 24. ①   25. ①

26. 다음 문장들 중에서 어법상 옳은 문장은?

① Please give me that you have in your hand.
② The result was different from what I had expected.
③ The watch of that I was robbed was new.
④ This is the boy I told you yesterday.

① that의 선행사가 없어 선행사를 포함하는 관계 대명사 what를 사용해야 명사절이 되어 give의 직접 목적어 역할을 할 수 있으므로 that을 what으로 변경하여야 옳다.
③ 관계 대명사 that의 앞에는 전치사를 쓸 수 없으므로 that을 which 혹은 that I was robbed of로 하여야 옳다.
④ This is the boy I told you about yesterday가 옳은 표현이다.

27. 다음 대화의 밑줄 친 부분에 들어갈 내용으로 적당한 것은?

A : "What do you want?"
B : "I want _____ that is on the table."

① the loaf of bread
② some bread
③ a bread
④ a loaf of bread

that 이하 수식하는 특정 어구이므로, a loaf of에서 정관사가 삽입되어야 옳다. the loaf of bread

A : "무엇을 원하니?"
B : "테이블 위에 있는 한 조각의 빵을 원합니다."

28. 다음 밑줄 친 ⓐ와 ⓑ에 들어갈 내용으로 알맞은 단어는?

• You will never be ____ⓐ____ in physics.
• There are three ____ⓑ____ living in that old house.

정답 26. ② 27. ① 28. ②

	ⓐ	ⓑ		ⓐ	ⓑ
①	Newton	old family	②	a Newton	families
③	the Newton	the family	④	Newtons	of a family

> a + 고유명사(인명) : ~와 같은 위대한
> family형 집합명사
> ⓐ 집합명사 : 단수, 복수 전체 중심 - 단·수 동사
> ⓑ 군집명사 : 단·복수 불가능 - 개체 중심 - 복수 동사만 가능
> 따라서 위의 three는 포인트 : three family - 집합명사 - 가족 전체를 하나로

해석
- 너는 물리학에 있어서 뉴튼만한 위대한 과학자가 될 수 없다.
- 그 오래된 집에서 세 가족이 살고 있다.

29. 다음 글에 나타나 있지 않은 내용은?

> Actors are so fortunate. They can choose whether they will appear in tragedy or in comedy, whether they will suffer or make merry, laugh or shed tears. But in real life it is different. Most men and women are forced to perform parts for which they have no qualifications. The world is a stage, but the play is badly cast.

① 실제 인생에서도 역할을 선택할 수 있다.
② 자격을 갖추지 못하더라도 역할을 수행해야 한다.
③ 배우들은 희노애락을 선택할 수 있다.
④ 배우들은 운이 좋으며 세상은 무대이다.

> tragedy 비극 / tragedy 괴로워하다 / merry 즐거운 / qualification 자격, 자격부여 / badly 대단히, 호되게

해석
배우들은 매우 운이 좋은 사람들이다. 그들은 비극에 출연할지 희극에 출연할지, 괴로워할지 즐거워할지, 웃을지 눈물을 흘릴지를 선택할 수 있기 때문이다. 하지만 실제 인생은 그렇지가 않다. 대부분의 남녀들은 자격을 갖추지 못한 역할일지라도 수행하도록 강요받는다. 세상은 무대이지만 연극은 배역이 대단히 잘못 정해져 있다.

정답 29. ①

30. 다음 대화의 밑줄 친 부분에 알맞은 것은?

> A : "I wish Bill would drive us to the railroad station."
> B : "He had _____ to take us all."

① a too small car　　　　② too small a car
③ such small a car　　　　④ very small a car

> too~to~용법으로 : ~하기에는 ~한
> too small a car to~ : ~하기에는 너무 작은 차
> enough to~ : ~하기에는 충분히 ~한
> big enough to take us : 우리들을 태우기에 충분히 큰

> A : "Bill이 우리들을 기차역까지 태워 주었으면 좋았을 텐데."
> B : "그는 우리 모두를 태우기에는 너무 작은 차를 갖고 있다."

31. 다음 빈 칸에 what이 올 수 없는 문장은?

① She has the same bag _____ you have.
② He is _____ you call a man of letters.
③ _____ rest is to the body, peace is to the mind.
④ They gave me _____ I wanted.

> ① the same ~as~ : as를 써야 한다.
> ② what you call : 이른바, 소위 말해서 = what is called
> ③ what A is to B, C is to D = C is to D what A is to B
> 　A와 B의 관계는 C와 D의 관계와 같다.
> ④ the thing which = what 관계대명사

32. 다음 문장의 밑줄 친 단어와 의미가 같은 단어는?

> I wish you give her a candid reply.

정답 30. ② 31. ① 32. ②

① difinite　　　　② frank
③ hard　　　　　④ long

 ① 명확한　② 솔직한　③ 어려운　④ 긴

해석　그녀에게 솔직한 답변을 하기를 바란다.

33. 다음 대화에서 밑줄 친 부분에 들어갈 가장 적당한 표현은?

John : _____ ?
Tom : Where can I get ties?
John : You can get them at the men's department on the second floor.

① May I help you?
② Do you need me?
③ Is there anything I can hold you?
④ What do you do?

내용상 손님을 대하는 직원이므로 첫 인사로 「무엇을 도와 드릴까요?」의 표현이 와야 한다.

해석　John : 도와 드릴까요?
　　　Tom : 넥타이는 어디서 팔죠?
　　　John : 2층의 남성복 코너에서 사세요.

34. 다음 문장 중 어법상 옳지 않은 것은?

① My family consists of seven members.
② My family is all early risers.
③ There are thirty families in our village.
④ Five years is a long period to a prisoner.

정답　33. ①　34. ②

② family가 군집 명사로 쓰였으므로 복수 취급을 해야 한다. is→are

해석 나의 가족은 모두 일찍 일어난다.

35. 괄호 안에 들어갈 전치사를 순서대로 바르게 나열한 것은?

A : The house was made (　　) stone.
B : Wine is made (　　) grapes.

① with - in　　　　　② for - at
③ at - with　　　　　④ of - from

be made from : ~로 만들다(화학적 변화)
be made of : ~로 만들다(물리적 변화)

해석 A : 집은 돌로 만들어졌습니다. (of)
B : 포도주는 포도로 만듭니다. (from)

36. 다음 밑줄 친 부분에 들어갈 내용으로 알맞은 것은?

She looks _____ than she is.

① more young　　　　② very young
③ much younger　　　④ very younger

than 앞에 비교급으로 younger, 비교급 강조수식은 much

해석 그녀는 현재의 그녀보다 훨씬 어려 보인다.

정답 35. ④　36. ③

37. 다음 대화에서 밑줄 친 부분에 들어갈 내용으로 옳은 것은?

A : "I want to get a good job."
B : "Yes, the better the job, _____."

① the smaller the pay
② the higher the pay
③ the better pay
④ they pay higher

the+비교급, the+비교급 : ~하면 할수록 더욱 더 ~해진다.

A : "좋은 일자리를 가져야겠다."
B : "그래, 직업이 좋으면 좋을수록, 급여가 높아진다."

38. 다음 대화의 밑줄 친 부분에 들어갈 내용으로 옳은 것은?

John : Do you play the tennis every Saturday?
Tom : No, but from time to time I wish I _____.

① have time
② have time to
③ have to do
④ had time to

wish+가정법 과거, wish+가정법 과거완료
I wish I had time to play tennis.

39. 다음 밑줄 친 부분에 들어갈 내용으로 옳은 것은?

Of the two sisters, I think Mary is _____.

① the beautifuller
② less beautiful
③ more beautiful
④ the more beautiful

정답 37. ② 38. ④ 39. ④

more beautiful은 비교급 than이 와야 한다. 그러나 비교대상이 없으므로, more가 단독으로 사용되었고, 비교급 앞에 the가 온다. 즉, Mary is <u>the more beautiful one</u>.

두 자매 가운데, 내 생각엔 Mary가 <u>더 아름답다</u>.

40. 다음 문장을 올바르게 영작한 것은?

한국의 기후는 중국의 기후보다 온화하다.

① The climate of Korea is more mild than China.
② The climate of Korea is milder than that of China.
③ The climate of Korea is milder than China.
④ The climate of Korea is more milder than that of China.

milder than 다음 the climate of Korea와 같은 형식의 구가 와야 한다. 따라서 the climate of Korea ⇒ that of China(The climate → that)

40. ②

제 6회 적중예상문제

01. 다음 밑줄 친 부분에 들어갈 알맞은 것은?

> I went all the way to see my doctor, _____ find him absent.

① about to   ② only to
③ enough to   ④ as to

🎓 all the way : 내내, 멀리서
[only, never, so~as]+to+동사 : 결과를 나타내는 부정사 구문을 만든다.

해석 멀리에서 의사선생님을 찾아 왔는데 와서 보니 안 계신다.

02. 다음 대화의 밑줄 친 부분에 들어갈 가장 적당한 표현은?

> A : Excuse me, but could you tell me the way to Seoul station?
> B : Yes. It's two blocks straight ahead. _____.

① You can't lose it   ② You will know it
③ You can't miss it   ④ You can't reach it

🎓 ③ You can't miss it : 바로 찾을 수 있다.

03. 다음 문장의 밑줄 친 빈 칸에 들어갈 가장 알맞은 것은?

> All men are equal before the law _____ their social stations.

 01. ② 02. ③ 03. ③

① by means of   ② in behalf of
③ considering   ④ irrespective of

① by means of=with the help of : ~에 의하여
② in behalf of=in the interest of : ~을 위하여
③ considering=take into consideration : ~을 고려하면
④ irrespective of : ~에 상관없이

 모든 사람들은 그들의 사회적인 지위를 막론하고 법 앞에 평등하다.

04. 다음 글에서 인생이 따분하다고 느끼는 사람은 어떤 사람인가?

> The average man finds life very uninteresting as it is. And I think that the reason why he finds it uninteresting is that he is always waiting for something to happen to him instead of setting to work to make things happen. For one person who dreams of earning fifty thousand pounds, a hundred people dream of being left fifty thousand pounds.
>
> [-A. A. Milne : If I May]

① 능동적인 사람   ② 적극적인 사람
③ 수동적인 사람   ④ 물욕이 큰 사람

 reason 이유 / wait for 기다리다

 그저 평범하기만한 사람은 인생을 아주 따분한 것으로 본다. 그리고 그렇게 인생을 따분한 것으로 생각하는 이유는 무엇인가 일어나게끔 발 벗고 나서기 보다는 항상 무엇인가가 그에게 일어나기를 기다리기 때문이라 생각한다.
5만파운드를 버는 꿈을 꾸는 사람에게는 백이면 백사람이 5만 파운드의 돈을 물려받는 것을 꿈꾼다.   -A. A. Milne : If I May

05. 다음 내용에서 문맥에 맞도록 ( ) 안에 공통으로 사용할 수 있는 말은 무엇인가?

> The ( ) is the most useful all-around weapon ever devised by primi-

 04. ④   05. ②

tive man. It can kill an elephant or bring down a pigeon. Historically, the use of the (　　) might be said to be the turning point between the primitive and civilized man.

① boomerang 　　② bow
③ gun 　　　　　④ knife

 all-around 만능의 / devise 고안하다, 계획하다 / bring down 쏘아 떨어뜨리다 / turning point 전환점

해석 활은 지금까지 원시인에 의해 만들어진 가장 유용한 만능의 전쟁 무기이다. 그것은 코끼리를 죽일 수 있거나 비둘기를 쏘아 떨어뜨릴 수 있다. 역사적으로 보아, 활의 사용은 원시인과 문명인 사이의 전환점이라고 일컬어지고 있다.

06. 다음 밑줄 친 부분과 가장 가까운 뜻을 지닌 것은?

He says that he's leaving the country <u>for good</u>.

① for a change of air 　② temporarily
③ happily 　　　　　　④ forever

 forever = for good, permanently 영원히 / change of air 전지(요양)

 그가 이 고장을 <u>영원히</u> 떠났다고 한다.

07. 다음 문장에서 어법에 맞게 올바르게 된 것은?

① He is resembling his father.
② This house is belonging to me.
③ She is going to marry the man.
④ We discussed about political problems.

정답 06. ④　07. ③

① He resembles his father : 그는 그의 아버지와 닮았다
② This house belongs to me : 이 집은 내 것이다
③ 그녀는 그 남자와 결혼할 것이다
④ We discussed political problems : 우리는 정치적 문제들을 논의했다

08. 전화 통화를 할 때 "댁은 누구십니까?"라는 표현으로 적합하지 못한 것은?

① Who's calling, please? ② Who is this speaking, please?
③ Who are you calling, please? ④ Who is this, please?

③은 "누구를 불러드릴까요?"의 뜻이다.

09. 다음 내용을 읽고 밑줄 친 부분에 들어갈 내용으로 알맞은 것을 고르면?

> In your head, add 4 and 6 and 9. Remember the sum. Subtract 5 from the sum. Multiply by 7. Divided by 2. Add 5 to the total. The number is _____.

① 9 ② 36
③ 45 ④ 54

add 더하다 / subtract 빼다 / multiply 곱하다 / divide 나누다

암산으로, 4에다 6을 더하고 9를 더해서 그 합을 기억하라. 그 합에서 5를 뺀다. 7을 곱하고, 거기서 2로 나눈다. 거기에 5를 더한 합의 숫자는 ___54___ 이다.

10. 다음 내용의 빈 칸에 들어갈 가장 알맞은 것은?

> Today on the way to school, the bus I was on hit a taxi. The driver lost his temper. He came into the bus and hit the driver in the mouth. Then he got into his taxi and hit the bus with it. He really was very _____.

08. ③ 09. ④ 10. ④

① considerate ② patient
③ calm ④ angry

 lost one's temper 화를 내다 / considerate 사려 깊은, 배려하는 / patient 환자, 인내심 / calm 침착한

오늘 학교 가는 길에 내가 탄 버스가 택시를 덮쳤다. 택시 운전수는 화가 나서 버스로 다가오더니 버스 운전수의 입을 갈겼다. 그리고는 그의 택시를 타고 택시로 버스를 덮쳤다. 그는 정말로 매우 <u>화가 났다</u>.

11. 다음 문장의 밑줄 친 부분과 같은 용법으로 쓰인 것은?

A fable about animals <u>that</u> act like people is better than force.

① This is the only person <u>that</u> I know in this town.
② The trouble was <u>that</u> his wife was ill in bed.
③ Who <u>that</u> knows him does not look up to him?
④ He mentioned it the way <u>that</u> she had explained to me.

예문의 that은 주격 관계 대명사로 쓰였다.
① the only가 선행사인 경우에는 ~that이 쓰인다.(목적격)
② that ~이하의 문장은 주어인 the trouble과 동격이다.(접속사)
③ 의문 대명사 who 다음에 쓰인 that은 주격 관계 대명사
④ 선행사가 the way이므로 관계 부사 that이 사용된다.

사람처럼 행동하는 동물들에 관한 한 편의 우화가 무력보다 더 낫다.

12. 다음 대화의 밑줄 친 부분과 의미가 가장 가까운 것은?

Tom : "That exam was just awful."
Kate : "<u>Oh, it could have been worse.</u>"

① The exam was just awful.

 11. ③ 12. ④

② It was the worst exam she had ever taken.
③ It couldn't have been more difficult.
④ It wasn't that hard.

Just awful 아주 지독하다
가정법 과거 완료를 이용한 것으로 직역하면 "더 나쁠 수도 있었을 것이다."이므로 ④의 그렇게 끔찍하지는 않았다와 의미가 가장 같다.

Tom : 시험이 아주 지독했다.
Kate : 그래, 액땜했다고 생각해라.

13. 다음 중 문법상 어색한 부분에 해당하는 것은?

Observe <u>closely</u> your surroundings, the <u>positions</u> of the cars in <u>involving</u>,
         ①   ②   ③
license numbers and <u>any other</u> pertinent details
                         ④

surrounding 주위 상황, 환경 / involved 복잡한, 관련된
명령문에 목적어들이 나열된 것으로 ③의 involving을 involved로 바꾸어야 한다. 주격 관계대명사+be가 생략되었다.

14. 다음 밑줄 친 부분에 들어갈 알맞은 단어는?

The weather man gives the _____ that it will snow tomorrow.

① notice   ② forecast
③ prophecy   ④ expectation

② forecast 예상, 예보 ③ prophecy 예언 ④ expectation 기대, 가능성

정답 13. ③ 14. ②

15. 우리말을 영문으로 가장 잘 표현한 것은?

나는 이 사진을 보면 언제나 학창시절이 생각난다.

① Whenever I see this photograph, I remind the days of my student.
② My mind is always reminded of my student day by this picture.
③ I never see this picture without being reminded of my school days.
④ The sight of this photograph calls my heart to the days spent as a student.

never~without~ : ~하면 반드시 ~한다.

16. 다음 대화의 밑줄 친 부분에 들어갈 가장 알맞은 것은?

A : May I _____ the phone?
B : Sure. Go right ahead.

① borrow   ② lend
③ use   ④ rent

전화를 빌려 쓸 때 use 대신 borrow를 사용하면 안 된다. borrow는 옮겨 갈 수 있는 물건, 즉 책이나 돈을 빌릴 때 사용한다. 전화나 화장실을 사용할 때는 use를 쓴다.

A : 전화 좀 빌려 쓸 수 있을까요?
B : 물론입니다. 쓰세요.

17. 다음 밑줄 친 부분에 들어갈 알맞은 단어는?

He would have died _____ he drunk the liquid in the bottle.

① if   ② soon

③ had   ④ when

해석) 주절의 형태가 〈would + have + p.p〉로 가정법 완료문장임을 알 수 있으므로 종속절에는 〈If + 주어 + had + p.p〉가 오거나 If의 생략형태인 〈Had + 주어 + p.p〉가 되어야 한다.

18. 다음 대화에서 빈 칸에 들어갈 가장 알맞은 것은?

A : Thank you very much for your kindness.
B : _____.

① No, thank you. ② Don't mention it.
③ Here it is.   ④ That's too bad.

감사에 대한 응답으로 「천만에요」라는 표현으로는 Don't mention it. 또는 Not at all. You are welcome. 등이 있다.

해석) A : 친절하게 대해 주셔서 감사합니다.
B : 천만에요.

19. 다음 글의 밑줄 친 부분의 뜻과 바꾸어 쓸 수 있는 것은?

His success is <u>out of question</u>.

① impossible   ② obscure
③ certain   ④ possible

out of question = without doubt : 틀림없이, 확실히
out of the question = impossible : 불가능한
obscure 어두운, 모호한

정답) 18. ② 19. ③

20. 다음 글의 밑줄 친 부분의 뜻과 가장 가까운 것은?

> I <u>fell in with</u> an old friend of mine at a hotel in London.

① called on   ② met by chance
③ called at   ④ called out

fall in with = meet by chance = happen to meet = meet up with : 우연히 마주치다
① ~요구하다, 호소하다 ③ 방문하다 ④ 외치다, 소집하다

해석) 나는 런던에 있는 한 호텔에서 내 친구 한 사람을 <u>우연히</u> 만났다.

※ 다음 글을 읽고 물음에 답하시오. (21~24)

> For millions of years minerals and salts have been accumulating in the sea. The concentration of the dissolved substances ___(a)___ from one part of the world to another, depending on the rate of evaporation. Near the equator, for example, rainfall is heavy and salinity is ___(b)___. But the proportions of the mineral constituents remain almost constant.

해석) 바다에는 수백만년 동안 미네랄과 소금이 축적되어 왔다. 용해된 물질의 농도는 증발의 비율에 따라 각 지역마다 <u>다양하다</u>. 예를 들어 적도 부근에는 비가 많이 내려 염도가 <u>낮다</u>. 그러나 미네랄 성분의 비율은 거의 일정하다.

---

21. 위 글의 내용과 일치하도록 밑줄 친 부분에 들어갈 알맞은 것은?

> A : The concentration of dissolved substances is not _____.
> B : It can be changed according to _____.

① constant, the rate of evaporation
② regular, salinity

정답) 20. ② 21. ①

③ changing, the added water
④ variable, the rainfall

> **해석** A 용해된 물질의 농도는 일정하지 않다.
> B 그것은 증발의 비율에 따라서 변화될 수 있다.

22. 위 글의 밑줄 친 ___(a)___ 에 들어갈 알맞은 단어는?
① leaves　　　　　　② moves
③ varies　　　　　　④ remains

23. 위 글의 밑줄 친 ___(b)___ 에 들어갈 알맞은 것은?
① vast　　　　　　② big
③ high　　　　　　④ low

24. When we measure the proportions of the mineral constituents, we _____.
① do not take account of water at all
② must pay attention to the location of the substances
③ take account of the rate of evaporation
④ ignore rainfall

> take account of : ~을 고려하다
>
> **해석** 미네랄 성분의 비율을 측정할 때는 증발의 비율을 고려해야 한다.

정답 22. ③ 23. ④ 24. ③

25. 다음 중 밑줄 친 부분과 뜻이 같은 것은?

> You ought to <u>make allowance for</u> his recent misfortune.

① excuse
② give way to
③ recognize
④ take into account

 make allowance for = take into account : ~을 고려(참작)하다

 너는 그의 최근의 불행을 고려해야만 한다.

26. 다음 문장을 수동태로 올바르게 바꾼 것은?

① You must send for a doctor at once.
 → A doctor must be sent for at once by you.
② I saw him enter the room.
 → He was seen enter the room by me.
③ All the students ought to observe the rules.
 → The rules ought to observe by all the students.
④ Don't forget my words.
 → Let my words be not forgotten.

① send for는 타동사구로서 「~을 부르러 보내다」이므로 수동태 문장에서도 그대로 사용된다.
② 지각동사나 사역동사는 목적보어로 원형부정사를 취한다. 그러나 수동태 문장에서는 to + 부정사가 온다. 따라서 to enter로 고쳐야 한다.
③ ought to observe를 ought to be observed로 고쳐야 한다.
④ be not forgotten을 not be forgotten으로 고쳐야 한다.

 ① 너는 즉시 의사를 부르러 보내야 한다.
② 그가 방에 들어가는 것을 나는 보았다.
③ 학생들 모두는 그 법들을 준수해야 한다.
④ 내 말을 잊지 마라.

27. 다음 문장 중 밑줄 친 부분이 어법상 어색한 것은?

① He who reads a book twice with speed is ② not necessarily a better reader ③ than him who reads ④ but once with care.

better ~ than은 비교구문으로 맞는 표현이지만 than 다음의 문장을 보면 him who reads but once with care인데, who는 관계대명사 주격을 선행사로 취하기에 him 대신에 he로 써야 한다.

빠르게 책을 두 번 읽는 사람이 주의 깊게 단지 한 번 읽는 사람보다 반드시 더 나은 독자는 아니다.

28. 다음 글의 밑줄 친 부분과 뜻이 같은 것은?

My car, such as it is, at your disposal.

① without any changes
② poor though it is
③ Such being the case
④ as it is very useful

such as it is [was]
such as they are[were]
⇒ ~ 할 정도의 것은 아니지만, 대단한 것은 못되지만, 변변치 못하지만

You may use my car, such as it is. ⇒ 변변치 못하지만 내 차를 이용하십시오.
such as it is = poor though it is

29. 다음 문장의 빈 칸에 들어갈 말이 순서대로 바르게 연결된 것은?

- How did you come ____ such an expensive car?
- This custom comes ____ from our ancestors.
- She will come ____ a large fortune when her father dies.

① up - by - with
② by - down - into

정답 27. ③ 28. ② 29. ②

③ in − by − for   ④ by − up − from

- come by=obtain : ~을 수중에 넣다.
  He came by his immense wealth honestly.
  ⇒ 그는 정직한 수단으로 거대한 재산을 획득했다.
- come down : 내려오다, 하락하다, 전해지다, 몰락하다
  Many noblemen came down in the world after the revolution. ⇒ 많은 귀족들이 혁명 후에 몰락했다.
- come into : 들어가다, 물려받다, ~에 들어오다
  He came into world in 1985. ⇒ 그는 1985년에 태어났다.

- 너는 어떻게 그렇게 비싼 차를 손에 넣을 수 있었니?
- 이 풍습은 우리 조상 대대로 전해져 내려왔다.
- 그녀는 자기 아버지가 돌아가시면 많은 재산을 물려받게 될 것이다.

30. 다음 글의 밑줄 친 ⓐ와 ⓑ에 들어갈 알맞은 것은?

- The face of the earth was different ___ⓐ___ it is now.
- He could not help ___ⓑ___ his lot.

	ⓐ	ⓑ		ⓐ	ⓑ
①	from what	being satisfied with	②	from whom	satisfy at
③	from	satisfying with	④	from that	to be satisfied at

관계대명사를 묻는 문제로서 앞에 선행사가 없으면 선행사를 포함한 관계대명사 what을 쓴다.
'~과 다르다'는 표현으로는 be different from을 쓴다.
- cannot help ~ing : ~하지 않을 수 없다
  I cannot help laughing at the sight. ⇒ 나는 그 광경에 웃지 않을 수 없다.
- satisfy는 타동사로서 '~을 만족시키다'의 뜻으로 쓰인다. 그러나 주어가 '만족하고'의 뜻으로 쓰일 때는 보통 수동형으로 쓰인다.
  They were satisfied to receive a reward for their labor.
  ⇒ 노동에 대한 보수를 받고 만족했다.
- I am satisfied with my new house. ⇒ 나는 새 집에 만족하고 있다.
- lot[lat / lɔt] 제비, 몫, 운명(destiny)

- 지구의 외관은 현재의 그것과 달랐다.
- 그는 자기 운명에 만족하지 않을 수 없다.

  30. ①

31. 다음 글에 대한 대답으로 적절하지 않은 것은?

> I am afraid I'll have to excuse myself in an hour or so.

① Oh, don't go so soon. What's the hurry?
② Why? Can't you stay a bit longer?
③ Have you got some other business to attend to?
④ Oh, you don't have to pardon yourself.

I'm afraid~는 바람직하지 못하거나 걱정되는 것을 말할 때 쓰는 표현으로 ~할 것 같은데, ~할 몰라의 뜻이다.
excuse me(myself)는 실례합니다(사람 앞을 지나서 자리를 뜰 때)의 뜻이다.
① 오, 그렇게 일찍 가시면 안 됩니다. 천천히 가세요.
② 아니, 더 계시지 않고?
③ 다른 볼 일이 있습니까?
④ 오, 당신은 실례를 해서는 안 됩니다.

해석 한 시간쯤 후에는 자리를 떠야 될 것 같은데요.

32. 다음 대화의 빈 칸에 들어갈 내용으로 적절하지 않은 것은?

> A : Could you help me carry this heavy bag?
> B : Why not?
> A : Thank you very much for your kindness.
> B : _____.

① It's my great pleasure
② You're quite welcome
③ Don't mention it
④ Never mind

'감사하다'는 표현과 그에 대한 대답
A : Thank you very much = Many thanks = I'm much obliged to you ⇒ 대단히 감사합니다.
B : Don't mention it = Not at all = You are welcome ⇒ 천만에요.

정답 31. ④ 32. ④

33. "건강은 아무리 주의해도 지나치지 않다"의 옳은 영작은?

① We cannot be careful of our health.
② We cannot be too careful of our health.
③ Our health is too important for us to be careful.
④ Our health is more important than anything else.

> '아무리 ~ 해도 지나치지 않다.'의 표현으로는 cannot ~ too.
> Children cannot be taught too early.
> ⇒ 어린이들은 아무리 일찍 배워도 지나치지 않다.

> ① 우리는 우리 건강에 주의할 수가 없다.
> ② 건강은 아무리 주의해도 지나치지 않다.
> ③ 건강이 우리에게 너무 중요해서 주의할 수 없다.
> ④ 우리 건강은 다른 무엇보다 중요하다.

※ 다음 글을 읽고 빈 칸에 알맞은 것을 고르시오. (34~35)

> Dried foods take up less room and weigh less than the same food packed in cans or frozen, and they do not need to be stored in special conditions. For these reasons they are invaluable to climbers, explorers and soldiers in battle, who have little storage space. They are also popular with housewifes because it takes so little time to cook them. Usually it is just a case of replacing the dried-out moisture with boiling water.

34. Dried foods _____.

① are not so heavy as canned or frozen ones
② are often packed in cans or frozen
③ are much cheaper than canned or frozen ones
④ need more storage space than canned ones

정답   33. ②   34. ①

weigh[wei] 무게를 달다, 평가하다, 압박하다 / frozen[fróuzn] 언, 차가운, 몸이 얼은 / explorer[eksplo : rər] 탐구하는 사람, 탐험가 / moisture[mɔ́istʃər] 수분, 수증기
첫 문장인 Dried food take up less room and weigh less than the same food packed in cans or frozen에서 유추할 수 있다.

35. Housewifes like dried foods because they _____?

① taste better
② can be easily cooked
③ can be preserved by boiling in water
④ look fresh and appetizing when cooked

 They are also popular with housewifes because it takes so little time to cook them에서 유추할 수 있다.

36. 다음 빈 칸에 들어갈 가장 알맞은 것은?

> Although we think of Latin America as a region where people speak Spanish, many Latin Americans can't understand a word of Spanish. Although we think of Latin America as a tropical region, parts of it are temperate. Other parts are distinctly cold and unpleasant. Many of the cities of Latin America are stylish and modern. But there are areas where people live about as primitive a life as you can imagine. Yet most of us know nothing of these _____.

① problems   ② results
③ contrasts   ④ changes

 이 글의 서술방법은 종속절(Although)과 주절과의 내용이 대조를 이루면서 전개하는 것으로 보아 contrasts가 맞다.

정답 35. ②   36. ③

region 지역, 지방, 영역 / tropical 열대의 / temperate 온화한, 삼가는, 적당한 distinctly 분명히, 뚜렷이, 의심할 여지없이 / stylish[stailiʃ] 현대식의, 유행의, 멋진 / primitive 원시적인 / contrast 대조, 대비

 비록, 우리가 라틴 아메리카를 스페인어로 말하는 지역이라고 생각하지만, 스페인어를 한 마디도 이해하지 못하는 라틴 아메리카인들이 많이 있다. 우리는 라틴 아메리카가 열대지방이라고 생각하지만 라틴 아메리카의 일부는 온화하고 살기에 좋다. 다른 지역은 이와는 다르게 춥고 살기가 나쁘다. 라틴 아메리카의 도시들 중 많은 도시들이 멋지고 현대적이다. 그러나 사람들이 당신이 상상할 수 있는 만큼 그렇게 원시적인 삶을 영위하는 지역이 있다. 그러나 우리들 대부분은 이렇게 대조되는 것들을 모른다.

37. 다음 밑줄 친 곳에 들어갈 알맞은 것은?

The committee recommended that the plan _____ carried out.

① shall be ② was
③ have been ④ should be

주절의 동사가 recommend, suggest, demand, decide, advise 등의 의미를 가진 동사이다. 즉, (제안, 요구, 충고, 주장) 등의 동사가 나오면, that절 이하는 should+동사원형, 또는 원형동사가 와야 한다. 따라서 should be 또는 be가 와야 한다.

 위원회는 그 계획안이 실행되어야 한다고 의뢰했다.

38. 이 글의 제목으로 가장 알맞은 것은?

Of all the professions the practice of medicine makes the greatest demand for a strong, sound body. In some lines of work a man with even severe physical defects can, through careful living, be successful. Good health, however, is essential to the physician in order that he may withstand the long periods of strain, the irregular hours for meals and sleep, the bad weather he is often forced to go out in, and the dangers of infection.

정답 37. ④ 38. ①

① Characteristics of a Successful Physician
② Difficulties a Physician often Faces
③ Disadvantages of Beings a Physician
④ Relationship between a Physician and a Patient

이 글의 요지는 어떤 전문직에 종사하는 사람보다도 의사는 오랜 기간 동안의 스트레스, 불규칙한 식사와 수면, 병에 감염될 위험 등으로 인해 강인한 체력이 요구된다는 내용으로 성공한 의사의 특성을 서술하고 있다.
profession 전문직 / practice (의사, 변호사의)업무, 개업 / medicine 약, 의학, 의술 / defect 결점, 결함 / withstand 버티다, 견디다 / strain 긴장, 격무 infection 감염 / go out in 들락거리다

해석 모든 전문직들 중에서 의사로서의 업무는 강인하고 건강한 신체를 가장 절실히 요구한다. 어떤 계통의 일에서는 아주 심한 육체적인 결함을 가지고 있는 사람도 조심스러운 생활을 함으로써 성공할 수가 있다. 그러나 오랜 기간 동안의 긴장, 불규칙한 식사와 수면시간, 그가 어쩔 수 없이 왕진하게 될 때 만나게 될 나쁜 날씨, 감염의 위험에서 버티기 위해서 건강은 의사들에게 필수적이다.

39. 다음 글의 내용과 일치하는 것은?

> New born babies sleep 17 to 18 hours a day. By age ten, this has dropped to 9 to 10 hours, and it continues declining during adolescence. Two − thirds of adults sleep seven to eight hours per night, while one − fifth of adults sleep less than six hours. For the average adult, then, seven or eight hours a night is "normal". But is it necessary? Psychologist Wilse Webb has found that those who naturally sleep less than six hours a night are happier, better adjusted, and more active than longer sleepers.

① 수면시간은 나이에 비례한다.   ② 수면시간은 길수록 좋다.
③ 적게 자는 사람이 더 활동적이다.   ④ 수면은 습관의 반영이다.

이 글은 나이와 수면간의 관계를 서술하고 있지만 이 글의 핵심은 마지막 구절인 Psychologist부터 끝까지이다.
decline 떨어지다 / adolescence 청소년기 / adjust 적응시키다 / psychology 심리학 / psychologist 심리학자

 39. ③

제 6회 적중예상문제 115

 갓 태어난 아이는 하루에 17시간에서 18시간 잠을 잔다. 열 살쯤 되면 이것은 9시간에서 10시간으로 줄어들고, 청소년기에는 계속해서 줄어든다. 성인의 3분의 2는 하루에 7시간에서 8시간 잠을 잔다. 반면에 5분의 1은 6시간 미만 잠을 잔다. 그래서 보통의 성인들에게는, 하루에 7시간 내지 8시간 자는 것이 정상적이다. 그러나 그럴 필요가 있는가? 심리학자 Wilse Webb은 하루에 6시간 미만 자는 사람들이 더 오래 자는 사람들보다 더 행복하며, 더 잘 적응을 하고, 더 활동적이라는 사실을 발견했다.

40. 다음 중 동의어로 짝지어진 것이 아닌 것은?

① wild – savage
② ruin – destruction
③ compassion – sympathy
④ sublime – arrogant

① wild = savage : 야성의, 야만의, 미개한
② ruin = destruction : 파괴, 멸망, 분쇄
③ compassion = sympathy : 동정, 연민
④ sublime : 장대한, 웅장한 – arrogant : 거만한

정답 40. ④

제 7회 적중예상문제

01. 두 사람의 대화 중 빈칸에 들어갈 내용으로 알맞은 것은?

> A : I've come here about my car key.
>   I have lost it.
> B : _____ ?
> A : I don't know, really.
>   I went into a lot of shops.

① Have you looked in all your pockets
② When did you lose it, madam
③ Where is your car now
④ Where do you usually keep your key

> **해석**
> A : 열쇠 때문에 왔어요. 열쇠를 잃어버렸어요.
> B : 열쇠를 언제 잃어버렸습니까?
> A : 모르겠어요. 여러 상점엘 갔었어요.

02. 다음 내용을 영어로 가장 잘 표현한 것은?

> 나는 버스 안에서 지갑을 도난당했다.

① I was stolen my purse in a bus.
② I got my purse steal in a bus.
③ I had my purse be stolen in a bus.
④ I had my purse stolen in a bus.

정답 01. ② 02. ④

have(get) + 목적어 + 과거분사 : ~을 당하다

03. 다음 대화의 밑줄 친 부분에 들어갈 내용으로 알맞은 것은?

> A : I like your fur coat, Hellen.
> B : Oh, you do? Thank you.
> A : Yes, it looks very expensive.
> B : Really? It wasn't expensive. I got it at a second - hand store.
> A : _____ It doesn't look secondhand. It looks brand new.

① It does?   ② You did?
③ No, It isn't   ④ No, you didn't

 ② Yod did ? = You got it at a secondhand store?

해석 A : 헬렌, 당신의 털 외투가 좋은데요.
      B : 좋아 보입니까? 고마워요.
      A : 아주 비싸 보이는데요.
      B : 정말이세요? 비싸지 않아요. 중고 가게에서 그것을 샀거든요.
      A : 중고가게에서 샀다구요? 중고품처럼 보이지 않는 데요. 새것 같아 보여요.

04. 다음 우리말을 영어로 옮긴 것 중 가장 어색한 것은?

① 그 아이를 아무리 칭찬해도 지나치지 않다.
  ⇒We cannot praise the boy too much.
② 그는 친절하게도 나를 곤경에서 구해주었다.
  ⇒He had the kindness to help me out of the trouble.
③ 초대받은 사람 중의 극소수만이 파티에 왔다.
  ⇒ Of those invited only a few came to the party.
④ 우리가 항상 위험을 피할 수 있는 것은 아니다.
  ⇒We cannot keep away from danger.

  03. ② 04. ④

① cannot~too(아무리~해도 지나치지 않다)의 표현을 묻고 있다.
② have the kindness to+V(매우 친절하게도~하다)의 표현을 묻는다.
③ those가 사람들의 의미로 쓰이고 있고 이 사람들과 초대하다의 invite의 관계를 보면 당연히 수동이므로 과거분사 invited를 사용한 것이므로 옳다.
④ 부분부정의 not+always(항상~한 것은 아니다), keep away from(~을 멀리하다, 피하다), 이 두 가지 표현을 묻고 있다. 우리말이 부분부정으로 되어 있으므로 always를 첨가해야 한다.

05. 다음 대화의 빈칸에 들어갈 내용으로 알맞은 것은?

> A : How many languages can you speak?
> B : _____?
> A : Does that include Korean?
> B : I can speak four if you count Korean.

① I can speak many languages
② I cannot speak many language
③ I can speak three language
④ I can speak five language

A : 몇 개 국어를 할 수 있습니까?
B : 3개 국어를 할 수 있습니다.
A : 한국어를 포함해서 말입니까?
B : 우리말을 포함하면 4개 국어를 할 줄 압니다.

※ 다음 글을 읽고 물음에 답하시오. (06~07)

> You can love the country in two quite different ways, as a cat loves it and as a dog loves it. My mother was like a cat. She responded to the beauty, the peace and the solitude that it offered. She found solitude in her garden and she found it too in the countryside beyond, She was happiest alone. Once, when she was going for a walk, I asked if I cound come with her. "No", she said, "but come and meet me on my way back."

정답 05. ③

해석 당신은 고양이가 시골을 좋아하고 개가 시골을 좋아하듯이 두 가지 전혀 다른 방법으로 시골을 사랑할 수 있다. 나의 어머니는 고양이 같으셨다. 어머니는 시골이 주는 아름다움, 평화로움, 고독함에 반응을 나타내셨다. 어머니는 정원에서 고독을 발견하셨다. 어머니가 혼자 계실 때 가장 행복해 하셨다. 한 번은 어머니가 산책을 하려 하셨을 때 내가 따라가도 되는지를 물었다. "아니야, 내가 돌아오는 도중에 날 만나러 오너라." 하고 말씀하셨다.

06. 위의 글에서 글쓴이의 어머니가 시골을 좋아하게 된 이유는 무엇인가?
① 시골의 아름다움, 평화로움, 고독함 때문에
② 고양이와 개를 좋아하므로
③ 글쓴이가 시골에 살아서
④ 산책할 수 있어서

07. 위글에서 글쓴이의 어머니가 혼자 산책하고 싶어한 이유는?
① 생각을 깊이하기 때문에
② 시골의 아름다움을 만끽하기 위해
③ 사람들을 싫어해서
④ 고독을 즐기기 위해

🎓 solitude[sάlətjud] 독거, 외딴 곳 / offer[ɔ́fəːr] 제공하다. 말하다. 주다. 일어나다.

08. 다음 문장의 밑줄 친 ⓐ와 ⓑ에 들어갈 내용으로 옳은 것은?

| • The test was very difficult, ___ⓐ___, I passed it. |
| • I'm sorry, I have made ___ⓑ___ mistakes. |

      ⓐ   ⓑ   ⓐ   ⓑ
① otherwise a few   ② accordingly a little

정답 06. ① 07. ④ 08. ③

③ however   much   ④ therefore   little

> make a mistake : 실수를 저지르다
> 문맥상 mistake는 비중이 큰 실수임을 알 수 있다.
> "죄송합니다, 제가 큰 실수를 저질렀습니다."는 실제 미국 생활영어에 자주 쓰이는 표현이다.

> 해석 시험이 무척 어려웠습니다, _____, 합격을 했습니다.
> ① 그렇지 않으면   ② 따라서
> ③ 하여튼, 어쨌거나, 그러나   ④ 그래서

09. 다음 글의 밑줄 친 부분을 우리말로 바르게 옮긴 것은?

> On the Continent, even in Western Europe, you will sometimes see two people run into each other in the street and then start a violent quarrel, <u>calling each other names</u>.

① 쌍방이 다른 이름을 부르면서   ② 쌍방이 욕설을 퍼부으면서
③ 각자의 이름을 소리 높여 부르면서   ④ 각자에게 엉뚱한 다른 이름을 부르면서

> violent quarrel 격렬한 말다툼 / call a person name 헐뜯다, 욕하다

> 해석 유럽 대륙에서는, 심지어 서유럽에서조차 길을 가다 우연히 만난 쌍방간이 서로 욕설을 퍼부으면서 격렬한 싸움을 시작하는 것을 때때로 볼 수 있다.

※ 다음 글의 빈칸에 들어갈 알맞은 것을 고르시오. (10~11)

10.

> The United States in the twentieth century left the older American behind. Agriculture gave way to industry. Individual gave way to group action. Isolation gave way to _____.

① adventurous action   ② colonial expansion
③ national prosperity   ④ international involvement

정답 09. ② 10. ④

agriculture[ǽgrikʌ̀ltʃəːr] 농업, 농예, 농학 / industry[índəstri] 공업, 산업, 근면, 열심 / isolation[àisəléiʃən] 격리, 분리, 고립, 고독, 고립주의

해석 20세기의 미국은 옛 미국을 벗어났다. 농업은 공업으로 바뀌었다. 개인은 단체행동으로 바뀌고 고립주의는 국제적인 참여로 바뀌었다.

11.

> You are in a department store to buy a necktie and tell the clerk, "I want to have a necktie to _____ with this suit."

① come   ② get
③ go   ④ do

go with : ~와 어울리다, 조화를 이루다

12. 다음 글에서 글쓴이는 무엇의 중요성을 강조하고 있는가?

> Before a man sets about building a house he has to have in his mind a rather complete and detailed picture of the house he intends to build. With us, too, before we undertake to build "a world at peace."
> we had better have a mental picture of what such a world would be like, of what its shape would be like, of what its shape would be, of how it would function.

① 구체성의 중요성   ② 예상과 계획의 중요성
③ 시작의 중요성   ④ 결과의 중요성

detailed 상세한, 자세한 / undertake 경험하다. 겪다. 견디다. / function 기능, 직능, 관능, 직분, 임무, 직장

해석 집을 짓기 전에 우선 지으려는 그 집의 완벽하고 상세한 모습이 마음속에 있어야 한다. 이와 똑같이 "평화로운 세계"를 건설하기 전에 우선 그러한 세계가 어떤 모습을 갖게 될 것인가, 어떤 형태가 될 것인가, 어떤 기능을 가질 것인가를 생각해 보는 것이 좋을 것이다.

정답 11. ③ 12. ②

13. Fill in the blank with a suitable word.

> A : "What is your nationality?"
> B : "I am _____."

① a Korea ② Korean
③ Koreans ④ the Korean

국적이나 국민의 표현 : Korean, Japanese, Chinese, American 등

A : "당신의 국적은 어디입니까?"
B : "저는 한국인입니다."

14. 다음 대화 B의 대답이 나오게 하는데 알맞은 A의 물음은?

> A : _____.
> B : Out walking in the park.

① When did you come back? ② Where have you been?
③ Where did you go? ④ Did you go to the museum?

A : 지금까지 어디에 있었습니까?
B : 밖에서 산책을 하고 있었습니다.

15. 다음 글의 It이 뜻하는 것은?

> It is a branch of science that deals with matter and the changes matter undergoes. It is used, for example, to make stronger metals, and to destroy bacteria. It has also made possible the development of substances such as rubber, nylon, and plastics from other different materials.

정답 13. ② 14. ② 15. ④

① biology ② animal
③ beast   ④ chemistry

화학에 대해 설명하는 내용이다.
bacteria[bæktíriə] 박테리아, 세균 / substance[sʌbstəns] 물질, 내용, 본질, 농도, 대부분

16. 다음 대화 중 A에 대한 B의 대답으로 가장 적절한 것은?

A : So you've really come back!
B : _____.

① So I am.   ② Yes, I really have.
③ So did I.   ④ So I did.

"Yes, I really have come back"의 준말

 A : 그래, 정말로 네가 돌아왔구나!
B : 예, 돌아왔어요.

17. 다음 본문의 빈 칸에 가장 적당한 것은?

The theories and practitioner can't be entirely separated ; after all, every theory refers to the (   ) world and every practitioner bases his activity on an intellectual conception of the task.

① mental   ② academic
③ practical   ④ unseen

theory 이론 / practitioner 실무 / separate 분리된 / conception 구상, 이론

 이론과 실무자는 완전히 분리될 수 없다. 결국 모든 이론은 실제의 세계에 관한 것이며, 또한 모든 실무자는 자신의 활동의 근거를 그 일의 지적 개념에 두고 있기 때문이다.

16. ② 17. ③

※ 다음 밑줄 친 단어와 바꾸어 쓸 수 있는 말은? (18~19)

18.

> Sending a man into space is a <u>formidable</u> enterprise.

① contemptible   ② frightening
③ alien   ④ loathsome

formidable 무시무시한 / contemptible 경멸을 받을 만한 / frightening 무서운 / alien 이상한 / loathsome 혐오스러운

인간을 우주로 보내는 일은 <u>어마어마한</u> 사업이다.

19.

> This country will never be settle till a strong government <u>bears sway</u> over the whole region.

① bid farewell   ② preside over
③ rule over   ④ be on day duty

settle 합의를 보다, 결정하다 / bear sway 통치하다 / region 지방, 지역

20. Which sentence is grammatically incorrect?

① Mary likes me more than she likes Tom.
② He is absent, as is often the case.
③ Who was it that discovered the fact?
④ You must associate with those whom you think are honest.

you think는 삽입절이다. are honest의 주어 역할을 할 수 있는 who를 써야 한다. whom → who

네가 정직하다고 생각하는 사람들과 교제를 하여야 한다.

정답 18. ② 19. ③ 20. ④

※ 다음 본문의 빈 칸에 가장 적당한 것은? (21~22)

21.
> Frost is very harmful to vegetation because it causes the moisture within the plants to freeze and expand, thus breaking the delicate tissues. A killing frost is harmful to even the hardiest (   ).

① animals   ② creatures
③ people   ④ crops

 harmful 해로운 / vegetating 초목 / freeze 얼다 / delicate 여린, 연약한 / frost 서리 / creature 생물, 사람 / crop 작물, 곡식

 서리는 식물 안에 습도를 유발하여 얼어 팽창하여 섬세한 섬유질을 파괴하기 때문에 채소에게 매우 해롭다. 따라서 심한 서리는 심지어 매우 딱딱한 곡식들에게조차도 해를 준다.

22.
> Our most pressing need is normative thinking. We need to know where we are going and what out (   ) are.

① destination   ② troubles
③ goals   ④ problems

pressing 긴급한, 거절하기 힘든 / normative 규범적 / destination 목적지, 도착지 / goal 목표

 우리의 가장 절박한 필요는 규범적으로 생각하는 것이다. 우리가 가야할 곳 어디인지 그리고 우리의 목표가 무엇인지를 알 필요가 있다.

※ 다음 본문의 빈칸에 들어갈 가장 적당한 것은? (23~25)

23.
> A doctor or lawyer who is struck off the official register of the profession is (   ) practising.

21. ④   22. ③   23. ③

① different from ② far from
③ debarred from ④ filled with

 be struck off : (의사 등의) 자격을 박탈하다. / practising 전문직에서 종사하고 있는 / debar from : ~를 못하게 하다.

해석 공인 목록에서 제명된 의사나 변호사는 영업이 금지되고 있다.

24.

When men began to live together in small ( ), they saw that it was necessary to find ways of sending messages from one community to another.

① place ② houses
③ neighborhood ④ communities

 인간이 조그마한 장소에 살기 시작 했을 때, 그들은 한 지역에서 다른 지역으로 전갈을 보낼 수 있는 방법을 알아낼 필요가 있다는 것을 알았다.

25.

Because she had never worked before, she had to find a job requiring a minimum of ( ).

① ambition ② experience
③ education ④ money

 그녀는 결코 전에 근무한 적이 없었기 때문에 최소한의 경험을 필요로 하는 작업을 구했어야만 했다.

정답 24. ① 25. ②

26. 다음 본문의 빈 칸에 들어갈 내용으로 가장 적당한 것은?

> Now, at this time there was a little boy learning at one of them who was a wonder to every one for his cleverness. His parents were only labouring people, and of course poor ; but young as he was, and poor as he was, no king's or lord's son could (   ) him in learning.

① come along
② come up to
③ come about
④ come by

　　cleverness 영리한 / labouring 막노동

　　그 당시 그들 중 학문을 하는 한 소년이 있었는데 그 소년의 영리함으로 사람들은 놀라고 있었다. 그의 부모는 노동자에 불과했고 물론 가난했다. 그러나 그는 어리고 가난했지만 학문에 있어서는 국왕의 아들도, 귀족의 아들도 그에게는 <u>미치지</u> 못했다.

27. 다음 중 잘못 표현된 것은?

① 정리해고제 - lay - off system
② 대통령 당선자 - President - erecter
③ 구조조정 - restructuring
④ 국제통화기금 - International Monetary Fund

　　대통령 당선자 : President-elect

28. 다음 본문의 빈 칸에 가장 적당한 것은?

> Language cannot be equated with communication. These two are partners in an enterprise of great extent and importance, yet it is a mistake to consider them (   ).

① antonymous   ② synonymously
③ antonymously   ④ synonymous

 equate 동일시하다 / extent 정도, 크기 / antonymous 반의어의 / synonymously 동의어로 / synonymous 같은 뜻을 갖는, 동일한

해석 언어는 의사전달과 동일시 될 수 없다. 이 두 가지는 영역이 매우 넓고 중요한 일종의 사업에 있어서 동반자이기는 하지만 동일한 의미를 나타내는 것으로 생각하는 것은 잘못이다.

29. Complete the sentence.

He told me that his mother would go _____.

① downtown   ② to downtown
③ in downtown   ④ for downtown

 downtown 도심지, 도심지에
부사로도 쓰이기 때문에 전치사가 필요 없다.

30. 다음 대화 중 빈 칸에 알맞은 것은?

A : Excuse me, How far is it to Seoul station?
B : (　　) about 30 minutes on foot.

① It lasts   ② It goes
③ It takes   ④ It walks

시간이 걸리다의 표현은 take동사를 쓴다.

31. 다음 문장 중에서 문법적으로 옳은 것은?

① He can run fastest of all his classmates.
② Do you think where he is living now?
③ The girl whom I thought was honest deceived me.
④ We entered the conversation.

> 부사의 최상급에는 the를 쓰지 않는다.
> ② Where do you think he is living now?
> ③ The girl who I thought was honest deceived me.(관계대명사의 삽입절)
> ④ We entered into the conversation.

32. 다음 중 어법상 잘못된 것은?

① The boy was sleeping with his mouth open.
② What is it that gives people satisfaction?
③ She has and will be beautiful.
④ Brave as he was, he cried for help.

> ③ She has been and will be beautiful.

※ 다음 내용의 빈 칸에 들어갈 알맞은 것을 고르시오. (33~34)

33.

Besides gathering and storing information, the (   ) can also solve complicated problems that once took months for people to do.

① calculator   ② detector
③ computer   ④ collector

정답 31. ① 32. ③ 33. ③

gathering 모임 / complicate 문제, 합병증, 복잡한 / solve 해결하다 / calculator 계산기 / detector 탐지기

 정보를 모으고 저장하는 것 외에 컴퓨터는 또한 사람들이 행한다면 몇 개월이 걸릴지도 모르는 복잡한 문제들을 해결할 수 있다.

34.

( ) population is much smaller than that of the city.

① Rural ② Local
③ Urban ④ Recent

 ① Rural : 시골의 ③ Urban : 도시의

※ 밑줄 친 부분과 의미가 가장 가까운 것을 고르면? (35~36)

35.

Her purpose was to <u>scrutinize</u> his features to see if he was an honest man.

① pacify ② examine
③ characterize ④ generalize

 scrutinize : 면밀히 검사하다, (남의 얼굴 따위를) 찬찬히 살피다.
① 진정시키다 ② 조사하다, 검사하다
③ 특징짓다, ~을 묘사하다 ④ 일반화하다

36.

Tariffs are <u>levied</u> to guard industry from outside competition.

① imposed ② believed
③ requested ④ correlated

 34. ① 35. ② 36. ①

제 7회 적중예상문제　131

> levy (세금 따위를) 부과하다 / impose 세금 따위를 도입하다, 부과하다 / guard 보호하다, 보호 / competition 경쟁, 시험 / requeste 요청되다

37.

My father <u>renounced</u> smoking and drinking last week.

① gave up　　　　② wrote down
③ delayed　　　　④ beefed up

> renounce : 포기하다, 버리다, 단념하다, 인연을 끊다.
> ① 포기했다　② 기록했다
> ③ 연기되었다　④ 보강했다, 큰 돈을 들였다.

※ 다음 밑줄 친 부분과 의미가 같은 것을 고르시오. (38~39)

38.

Keep two extra pencils <u>where they can be easily reached</u> while taking the examination.

① dingy　　　　② risky
③ handy　　　　④ lanky

> handy : 곁에 있는, 바로 쓸 수 있는, 편리한, 다루기 쉬운, 능숙한
> ① 음침한, 거무스름한　② 위험한　④ 흐느적거리 듯

39.

Jim expects to <u>take over</u> his father's business.

① get rid of　　　　② take part in
③ dispose of　　　　④ gain control over

 37. ①　38. ③　39. ④

expect 예상하다 / take over 양도받다, 인계받다, (일 따위를) 이어받다.
① ~을 없애다, 처리하다   ② ~참가하다, 협력하다
③ ~을 없애다, 처리하다   ④ 제압하다, 양도받다

40. 다음 대화의 밑줄 친 부분에 들어갈 가장 적합한 것은?

A : This is the first time I've ever been to your office.
B : _____.

① Is that So?
② Really? Let see a show
③ Really? Let me show you around
④ Really? Let me go out

 구경시켜 드리지요 : Let me show you around.

정답 40. ③

제 8회 적중예상문제

01. How much extra will it cost if check out is after 11.00 a.m.?

> Checkout time is 11:00 a.m. Please check out or pay an additional day's rent by that time. If you check out after 11:00, your $ 1.00 key deposit will be forfeited and you will be charged an extra $ 3.00. By 2:00 your room will be cleaned and rented.

① $ 1.00 ② $ 2.00
③ $ 3.00 ④ $ 4.00

- checkout 계산을 치르고 호텔에서 나오다 / deposit 예치금, 보증금, 계약금 / forfeit 몰수, 박탈, 추징하다 / charge 부과하다, 청구하다
- 해석 체크아웃 시간은 오전 11시입니다. 계산을 해 주십시오. 그렇지 않으면 그 시간까지 하루 임대료를 추가로 지불해 주십시오. 만약 11시 이후에 계산한다면 1달러의 열쇠 보증금을 몰수당하고 추가로 3달러를 부담하셔야 합니다. 2시까지는 여러분의 방을 청소해서 다시 임대해야 됩니다.

02. 다음 대화의 빈칸에 들어갈 알맞은 것은?

> A : What did you buy at the market?
> B : Two pounds of steak, and four _____.

① corn ears ② corn's ears
③ ears of corn ④ ears of corns

- 조수사에 관한 문제이다. an ear of corn, four ears of corn

정답 01. ③ 02. ③

03. 다음 문장의 문맥상 밑줄 친 빈칸에 들어갈 알맞은 단어는?

The apple was not _____ yet, so we couldn't eat it.

① bitter ② ripe
③ regret ④ pity

① 쓴 ② 익은 ③ 유감이다 ④ ~을 동정하다

04. 다음 문장의 밑줄 친 ⓐ와 ⓑ에 들어갈 알맞은 것은?

- The company ___ⓐ___, but it lacked capital.
- Silver nitrate stains ___ⓑ___ it touches.

	ⓐ	ⓑ
①	should prosper	them
②	should have prospered	where else
③	would prosper	somehow
④	would have prospered	everything

- 앞부분은 가정법 과거완료(귀결절), 뒷부분은 직설법 과거이고 단순미래는 3인칭에서 조동사 will이 쓰인다.
- everything that에서 관계대명사 that이 생략된 형태이다.

05. 다음 대화의 밑줄 친 부분에 들어갈 내용으로 옳은 것은?

A : How did you learn to drive?
B : _____ strict obedience to my tutor.

① Give ② Giving

정답 03. ② 04. ④ 05. ④

③ To give ④ By giving

 생략과 동명사에 관한개념을 묻는 문제이다.
"I learned to drive by giving strict obedience to my tutor."에서 중복된 부분을 생략한 경우이다.

06. 우리말을 영어로 잘못 표현한 것은?

① 오늘 날씨가 어떻습니까? - How's the weather like today?
② 각자 부담하자. - Let's go Dutch.
③ 놀리시는 겁니까? - Are you pulling my leg?
④ 나는 음악과는 거리가 멀다. - Music is beyond me.

 오늘 날씨가 어떻습니까?
How's the weather today? = What's the weather like today?

07. 우리말을 영어로 가장 적합하게 옮긴 것은?

만일 바쁘지 않았더라면 거기에 갔었을 것이다.

① If I were not busy, I would have gone there.
② Had I not been busy, I would have gone there.
③ If I have not been busy, I had gone there.
④ Should I not be busy, I would go there.

 가정법 과거완료의 개념과 형태를 묻는 문제이다.
If I had not been busy, I would have gone there.
⇒ Had I not been busy, I would have gone there.

 06. ① 07. ②

※ 다음 글의 밑줄 친 부분에 들어갈 가장 적합한 것은? (08~12)

08.

A : Don't you think Dorothy's health has been ruined by smoking?
B : Yes, She told me _____ herself.

① the fact   ② so
③ it   ④ this thing

> ruin 황폐, 폐허, 파멸의 원인
> so는 동사(say, tell, think, hope, expect, suppose, imagine, hear) 뒤에서 목적어 또는 보어를 대신한다.
> A : Do you think he will come?
> B : Yes, I think so.(so=he will come)

09.

The sugar dissolved in the water _____; finally all that remained was an almost _____ residue on the bottom of the glass.

① quickly, lumpy   ② immediately, fragrant
③ spectacularly, opaque   ④ gradually, imperceptible

> dissolve 녹이다, 녹다 / remain 없어지다 / residue 나머지, 찌꺼기
> 부사 finally가 있는 것으로 보아, 설탕이 점차적으로 용해되었다는 것을 알 수 있다.

10.

When I listened to his cogent arguments, all my _____ were _____ and I was forced to agree with his point of view.

① senses, stimulated   ② questions, asked
③ friends, present   ④ doubts, dispelled

정답 08. ②   09. ④   10. ④

> argument 논거, 논의 / cogent 적절한 / doubt 의심, 불신 / stimulate 자극하다 / dispell 떨쳐버리다
> 수긍할만한 설명을 들을 때, 의문이 사라진다.

11.

A ball player would be most likely to receive an ovation for _____.

① arguing with the umpire
② winning a game with a home run
③ losing a game by striking out
④ not playing because of an injury

> ovation 열렬한 환영, 갈채 / argue 논하다 / umpire 중재자, 심판자, 심판하다 / strike out 실패하다
> ① 심판과 의논하다
> ② 홈런과 함께 게임에서 이긴
> ③ 실패로 인해 진 게임
> ④ 부상 때문에 경기를 하지 못하다

12.

My wife and I were getting so many invitations to dinner parties that we never had an evening to ourselves. We had to _____, so now we turn down all invitations for Tuesdays and Thursdays.

① make hay while the sun shines
② put all our eggs in one basket
③ draw the line somewhere
④ catch our bear before we sell its skin

정답 11. ② 12. ③

invitation 초대, 초대장 / be struck off (의사 등의) 자격을 박탈하다. / debar from ~를 못하게 하다.
③ 참고 있을 수만 없다. 어느 정도 한도를 정하다

13. 다음 문장에 대한 해석으로 가장 정확한 것을 고르면?

> I never would have made it, if my boss had not listened and backed me up.

① 나의 상사가 내 말을 경청하여 도와주지 않았던들 나는 그 일을 결코 성취시킬 수 없었을 것이다.
② 나의 상사가 내 말을 경청하지 않아서 나의 뒤를 돌아보는데 인색했었다.
③ 만일 나의 상사가 나를 경청하도록 만들었다면, 나는 그것을 만들었을 것이다.
④ 나의 상사가 내 말을 경청하고 도움을 주지 않았더라도, 나는 결국 그것을 만들 수 있었을 것이다.

 back up 후원하다. 도와주다 / made 성공한 / a made man 성공한 사람

14. 다음 빈 칸에 들어갈 알맞은 말은?

> • Take a sweater (　) the weather should turn cold during the night.
> • I (　) him of his mistake.

① that – reminded　　　　② if – informed
③ unless – convinced　　　④ in case – recalled

in case ~의 경우에, ~의 경우에 대비해서 / recalled 되부르다, 소환하다 / informed ~에게 알리다 / convinced ~에게 납득시키다 / reminded ~에게 깨닫게 하다

정답　13. ①　14. ④

15. 다음 문장의 밑줄 친 부분이 잘못된 것은?

① What he is saying it now is very important.
② The room has been slept in for many years.
③ They used to be believed to be among experts.
④ Leaves are to the plant what lungs are to the animal.

① it을 생략하거나 what을 that으로 해야 옳다.

① 그가 말하는 것은 매우 중요하다.
② 수년간 그 방에는 아무도 잔 적이 없다.
③ 그들은 한때 전문가로 믿어졌다.
④ 잎과 식물에 관한 관계는 허파와 동물에 관한 관계와 같다.

16. 다음 글의 밑줄 친 부분에 들어갈 내용으로 옳은 것은?

If I had taken your advice then, I _____ a doctor now.

① would have been
② have been
③ would been
④ would be

두 개의 가정법이 혼합된 혼합가정법으로서 조건절은 가정법 과거완료가 쓰이며 주절은 가정법 과거가 쓰인다.

내가 그때 너의 충고를 받아들였다면, 나는 지금 의사가 되었을 텐데.

17. 다음 글의 밑줄 친 부분 중 가장 어색한 것은?

If the competitive element ① were not tempered by the basis urge ② to help one another, business practices ③ would rapidly become much more savage and brutal ④ as they are, even today.

정답 15. ① 16. ④ 17. ④

competitive 경쟁, 시합 / tempered 단련된 / urge 재촉하다, 충동 / practice 실행, 관행, 풍습 / brutal 잔인한, 짐승의
④ 앞에 비교급의 more가 있으므로 as가 아니라 than을 사용하여야 한다.

만일 경쟁적인 요소가 서로를 돕고자 하는 기본적인 욕구에 의해 완화되지 않으면 사업 관행은 현재보다, 심지어 바로 지금보다도 더욱 야만적이고 잔인해 질것이다.

18. 다음 중 문법적으로 옳지 않은 것은?

① All students of our school went on a picnic.
② Great scholar as he is, he is lacking in common sense.
③ Fall is the best season for both study and sports.
④ Much will be done if only we do try.

① All students of → All the students of
② as는 양보를 나타내는 접속사로 명사가 문두에 올 때 관사를 붙이지 않는다.
④ do는 강조의 표현이다.

19. 다음 글의 빈 칸에 들어갈 내용으로 옳은 것은?

Now the train is starting. From there comes a man running along. He will probably not be in time. The train never waits, no matter what happens. It always leaves _____.

① in time
② within time
③ behind time
④ on time

probably 아마, 필시 / on time 시간을 어기지 않고, 시간대로, 정각에
① 때를 맞춰, 정해진 시간보다 일찍 ② 머지 않아 ③ 늦어서, 지각하여

이제 기차가 출발하기 시작했다. 저쪽에서 한 사람이 가로질러 뛰어 왔다. 아마도 그는 제때에 도착하지 못할 것 같다. 기차는 무슨 일이 일어나더라도 결코 기다리지는 않는다. 기차는 항상 정각에 출발한다.

18. ①   19. ④

20. 다음 문장 가운데 어법상 옳은 것은?

① They discussed about their plan.
② Please answer to my letter soon.
③ The boy greeted to me on the street.
④ He entered into business with his brother.

① discussed about → discussed
② answer to → answer
③ greeted to → greeted

① 그들은 그들의 계획에 대해 토론했다.
② 나의 편지에 곧 답장해주세요.
③ 그 소년은 거리에서 나를 보고 인사했다.
④ 그는 그의 동생과 함께 사업을 시작했다.

※ Determine whether the underlined part is grammatically correct or not, If is ungrammatical, choose the correct one. (21~22)

21.

> Try to put yourselves in the other people's place and to see why they hold the opinions or do the things <u>which</u> you strongly disagree.

① No error　　　　　　② whom
③ with whom　　　　　④ with which

disagree는 자동사이므로 선행사 the opinions와 the things를 목적어로 갖기 위해서는 전치사가 필요하다. whom은 선행사가 사람일 때만 쓰인다.
put oneself in another's place : 남의 처지가 되어보다

 남의 입장이 되어 보려고 애써봐라. 또 그들이 왜 네가 전혀 동의하지 않는 견해를 갖고 일들을 하려는지 생각해 봐라.

 20. ④　21. ④

22.

Irregardless of the outcome of this dispute, they will remain close friends.

① No error
② Regardless of how the outcome
③ Regardless of the outcome
④ Disregarding the outcome

irregardless 상관없이 / dispute 논의, 토론, 논쟁 / outcome 결과, 성과, 추이 / regardless of ~에 개의치 않고, ~에도 불구하고(=in spite of) / disregard ⓥ 무시하다, 상관하지 않다
They will disregard the outcome~, = Disregarding the outcome
③은 그 결과에도 불구하고의 의미로서 문맥상 적합하지 않다.

해석 그 논쟁의 결과에 상관없이 그들은 친한 친구로 남을 것이다.

23. Choose a correct sentence in standard grammar.

① Since ten years you lived with her.
② I think we must consider joining the team.
③ There are both relatively obvious or subtle differences in them.
④ It can be taken for granted it that they are very chauvinistic.

① lived → have lived
② think는 that절을 목적어로 취할 수 있으며 consider는 동명사를 목적어로 취한다.
③ both A and B : or → and / obvious 분명한, 명백한 / subtle 미묘한
④ It can be taken for granted it → We can take it for that절 또는 It can be taken for that절

24. Choose the one that has the different meaning from the rest.

① No way!
② Not on your life!
③ Keep it up!
④ That'll be the day!

정답 22. ④ 23. ② 24. ③

제 8회 적중예상문제   143

 ① (요구·제안 등에 대하여) 안된다, 싫다
② 결코 ~않다, 확실히 ~아니다
③ 계속하다, 멈추지 않다
④ 설마 그럴 수가 있을까

25. Fill in the blank with the most suitable word, considering the context.

> For half an hour I kept my eyes on the placard. Its white attracted my eyes, and, as it were, _____ my brain. I tried to read it, but my efforts were in vain.

① hypnotized   ② affected
③ tempted   ④ washed

 placard 간판, 벽보 / keep one's eye on ~을 응시하다 / as it were 말하자면(=so to speak) / attract (주의 등을) 끌다 / in vain 헛되이 / hypnotize ~에게 최면을 걸다, 매혹시키다 / affect ~에게 영향을 주다, 감동시키다, ~인 체하다 / tempt ~의 마음을 끌다

 30분 동안 나는 그 벽보를 응시했다. 그 하얀 종이가 내 시선을 끌었다. 다시 말하자면 내 마음을 끌었다. 나는 그것을 읽어보려 했으나 허사였다.

26. Choose the ungrammatical one.

① I will study as hard as I can.
② I became depressed after I failed the exam.
③ I have to go downtown this afternoon.
④ Almost Koreans eat rice for breakfast.

 almost 명사 또는 형용사 / most 부사
④ Koreans를 수식하는 부사 most여야 옳은 문장이다. 또는 Almost Koreans → Almost all Koreans or most Koreans.

 25. ③   26. ④

※ Choose the best word for the underlined part. (27~28)

27.

All of us communicate with one another _____ as well as with words. Most of the time we're not aware that we're doing it. We gesture with eyebrow, meet someone else's eyes and look away, shift positions in a chair. Researchers have discovered in recent years that there is a system to them almost as consistent and comprehensible as language.

① colloquially
② actively
③ nonverbally
④ consciously

as well as ~와 동시에, ~뿐 아니라 / eyebrow 눈썹 / look away 눈길을 돌리다 / comprehensible 이해할 수 있는 / colloquially 구어로, 회화체로 / nonverbally 무언의, 말을 쓰지 않고 / consciously 의식적으로

우리는 다른 사람들과 말 뿐 아니라 동시에 무언으로 의사소통을 한다. 대부분 경우 우리는 그런 사실을 알아채지 못한다. 우리는 눈썹으로 표시하고, 눈과 눈이 마주치면 눈길을 돌려버리거나 의자위치를 바꿔본다. 그들에게 언어처럼 지속적이고 이해가 빠른 어떤 시스템이 있음이 최근 발견되었다.

28.

In the later 18th and early 19th centuries so many people were attracted by the apparent simplicity of banking and the high profits, that many mushroom banks started up and _____ were frequent. They meant not only the failure of the banker but hardship to the depositors and borrowers.

① successes
② transactions
③ profits
④ bankruptcies

be attracted by ~에 관심을 가지다 / apparent 또렷한, 명백한, 외견만의 / simplicity 단순, 간단, 평이, 간소 / mushroom 버섯, 버섯같은, 우후죽순 같은 / frequent 자주 일어나는, 빈번한 / transaction 매매, 거래 / profit 이익, 수익, 이윤 / bankruptcy 파산

27. ③ 28. ④

해석 18세기 후반부터 19세기 초반에 많은 이들이 은행의 편리함과 높은 이윤에 관심을 가졌다. 그래서 우후죽순 같이 많은 은행이 설립되었고 파산도 빈번했다. 이들은 은행가의 실패뿐 아니라 저축과 대부의 곤란도 의미했다.

29. Choose the word(s) that is closest in meaning to the underlined part.

> In that condition everyone may submit to an examination of his purpose and credentials at the frontier of every field.

① something warranting credit   ② potential
③ identity   ④ something keeping credo

credential 신임장, 자격증을 수여하다 / warrant 보증하다 / potential 잠재적인 / credo 신조

해석 그 경우에는 모든 사람들이 모든 미개척 분야에서 그의 목적과 자격 인정시험을 거쳐야 할지도 모른다.

30. 다음 글에서 주인공의 성격을 가장 잘 나타낸 것은?

> The doctors say that within ten years I may not be able to walk or hold anything. But maybe the doctors are wrong. Or maybe there will be a medical breakthrough that will help me. Even if I do lose the use of my hands and legs. I know that I'll deal with it. I teach Bibil study classes to a group of inner-city girls. I tell them, "No, life isn't a bed of roses. But there are paths out of the thorns and into places of great beauty."

① optimistic   ② dependent
③ impudent   ④ pessimistic

정답 29. ④   30. ①

breakthrough 비약적 발전, 돌파구 / inner-city 저소득자 거주지 / a bed of rose 안락한 처지 / path 길, 통로 / thorn (식물의) 가시, 고통을 주는 것 / optimistic 낙관적인 / dependent 의지하고 있는 / impudent 뻔뻔스런, 건방진 / pessimistic 비관적인

 의사들은 십 년 이내에 내가 걷지 못하거나 어떤 것도 들 수 없을지도 모른다고 말하고 있다. 그러나 아마도 의사들의 말이 틀리거나, 아니면 나를 도울 의학의 비약적인 발전이 있게 될 것이다. 비록 내가 손과 발을 정말로 사용하지 못하게 될지라도 나는 그것에 대해 대처할 수 있을 것이라는 것을 알고 있다. 나는 도시의 저소득자 거주 지역에 있는 한 그룹의 소녀들에게 성경을 공부하는 수업을 하고 있다. "정말이지, 인생은 편안한 것은 아닙니다. 그러나 고통에서 벗어나 매우 아름다운 세계로 나아가는 길들이 있답니다." 라고 나는 그들에게 말했다.

31. Select the word group which is closest in meaning to the underlined word.

> I shall go not with standing the weather.

① owing to　　　　　　　　② instead of
③ on account of　　　　　　④ in spite of

　　not with standing = in spite of = after all = despite = with all : ~에도 불구하고
　　owing to = because of = due to = on account of : ~때문에
　　instead of = in place of = in one's place : ~대신

 날씨와 관계없이 나는 가겠다.

32. Fill in the blank with the most suitable word, considering the context.

> In the evening he came and played the violin a long time, as usual. He was ____ by nature, and perhaps he loved his violin because while playing he did not have to speak.

① talkative　　　　　　　　② taciturn

 31. ④　32. ②

③ intolerant ④ affectionate

talkative 수다스러운, 말 많은 / taciturn 말이 없는, 입이 무거운 / intolerant 편협한, 참을 수 없는 / affectionate 애정 깊은

그날 밤 그는 평소처럼 와서는 오랫동안 바이올린을 연주했다. 그는 천성적으로 말이 없었고 그래서 연주를 하는 동안은 말을 하지 않아도 되기 때문에 바이올린을 좋아한 것 같았다.

33. Select the one sentence which is closest in meaning to the following sentence.

> This is by no means his only fault.

① I think this is his only fault.
② He should be responsible for his fault.
③ He has other faults besides this.
④ He has really too many faults.

by no means 결코~이 아니다

결코 이것이 그의 유일한 실수는 아니다. or 그는 이것 외에 다른 실수도 했다.

34. Choose the one word group that best completes the sentence.

> "The taxi only took ten minutes to get to the hotel." "____ you were coming today, I'd have met you at the airport."

① Have I known   ② I have known
③ I had known   ④ Had I known

뒤 주절의 형태(조동사 과거형 + have + p.p)로 보아 가정법 과거완료 구문이다. 가정법에서 if가 생략되면 주어와 동사가 도치된다.
If I had known you ~ = Had I known you ~

정답 33. ③   34. ④

해석 "택시로 이 호텔까지 오는데 겨우 십분 걸렸어."
"네가 오늘 오는 걸 알았더라면 공항에 마중 나갔을 텐데."

35. Choose the word group that best completes the sentence.

Henry's recital was correct _____.

① in the letter　　　　② on the letter
③ to the letter　　　　④ with the letters

to the letter 문자 그대로, 엄밀히

해석 헨리의 암송은 그 내용과 정확히 일치했다.

36. Choose the one word or phrase that best completes the sentence.

To keep one's nose to the grindstone is _____.

① to cheat　　　　　　② to work hard and steadily
③ to remain calm　　　④ to work like a cow

keep one's nose to the grindstone 꾸준히 일하다 / cheat 사기 치다, 속이다

해석 혹사한다는 것은 일을 끊임없이 열심히 한다는 것이다.

37. Choose the one word that best completes the sentence.

St. Paul's faith did not come by hearing, but by _____ and revelation.

① intuition　　　　　　② investigation

정답　35. ③　36. ②　37. ②

③ instruction ④ indulgence

> revelation 폭로, 누설, 샘, 묵시, 계시 / intuition 직관 / investigation 조사, 연구, 탐구 / indulgence 응석을 받음, 탐닉, 멋대로 함 / instruction 설명, 명령

해석) 성 바울의 믿음은 들어서 생긴 것이 아니라 탐구와 계시에 의해서 생긴 것이다.

38. Fill in the blank with the most suitable word, considering the context.

> Man had passed the long period of _____ during which he had been victimized by overwhelming natural and social forces, and had become the autonomous subject of his own development.

① generation ② immaturity
③ compensation ④ revenge

> victimize 희생으로 바치다, 괴롭히다 / overwhelming 압도적인, 저항할 수 없는 / autonomous 자치의, 자율의, 독립한 / immaturity 미숙, 미완성 / compensation 보상(금) / revenge 복수, 보복

해석) 인류는 오랫동안 저항할 수 없는 자연적·사회적 횡포에 의해 고통 받는 미숙한 시기를 지나고 나서 자신의 진화에 의해 독립적인 주체가 되었다.

39. 다음 밑줄 친 부분 중 어법상 가장 어색한 것은?

> ① Having summoned ② us board members to his office, the president stated that he wanted to talk ③ serious to us about ④ plans for the future of the company.

> ③ 동사 talk를 수식하므로 형용사가 아닌 부사 seriously가 와야 한다.

해석) 우리 위원들을 자기 사무실로 소환한 사장은 회사의 미래 계획에 대해 우리와 진지하게 얘기를 나누고 싶었다고 말했다.

정답) 38. ② 39. ③

40. Choose the best phrase for the underlined part.

> _____ the impression that grandmothers are delighted to help their grown daughters and care for their grandchildren, a study of multi-generational families indicates that many older women resent the frequent impositions of the younger generations on their time and energy.

① Because of　　　　　② Contrary to
③ According to　　　　④ In addition to

 impression 인상, 감명, 생각 / resent ~에 골내다, 분개하다 / imposition (사람 좋음을) 기화로 하기, 부담, 짐 / contrary to ~와는 다른 / accordig to ~에 따라서 / in addition to ~에 더하여 ~일 뿐만 아니라

할머니들이 그들의 다 자란 딸들을 도와주고 손자들을 돌보는 것을 즐거워한다는 생각과는 달리 대가족 가정들에 대한 연구 논문에서는 대부분의 나이든 여성들은 그들의 시간과 힘의 부담을 주는 젊은 세대들의 부당을 불쾌하게 여기고 있다고 밝히고 있다.

40. ②

제 9회 적중예상문제

01. 다음 문장의 밑줄 친 ⓐ와 ⓑ에 들어갈 내용으로 옳은 것은?

- When a child is sick, his mother will ___ⓐ___ him.
- A branch of literature that deals with a persons real life is ___ⓑ___.

	ⓐ	ⓑ		ⓐ	ⓑ
①	see	novel	②	watch	poetry
③	look after	biography	④	look forward to	piay

🎓 look after ~을 보살피다(돌보다) / look forward to +(동)명사 ~을 기대하다 / novel 소설 / biography 전기

해석 • 아이가 아플 때 그의 어머니가 그를 돌본다.
• 인간의 생애를 다루는 문학의 한 부문은 전기이다.

02. 다음 문장의 뜻이 같도록 밑줄 친 부분에 들어갈 내용으로 옳은 것은?

He is not such a fool as to believe it.
= He _____ to believe it.

① does nothing but ② knows better than
③ is foolish enough ④ is not so much as

해석 그는 그것을 믿을 정도로 어리석지는 않다.

정답 01. ③   02. ②

03. 다음의 문장을 영어로 가장 잘 표현한 것은?

> 농사짓기는 수지가 안 맞는다.

① Agriculture does not meet income and outgo.
② Farming does not meet both ends.
③ Agriculture does not benefit.
④ It does not pay to do farming.

benefit ~에 도움이 되다, 이익을 보다
농사(짓기)의 표현은 farming이고, agriculture는 농업의 의미로 총칭적으로 쓴다. 수지가 맞다는 표현으로는 have a balanced income and outgo와 pay가 있으며, make both ends meet는 수지를 맞추다. 라는 표현이다.

04. Which one is not a result of hard work?

> Success is the result of hard work. For instance, if you work at studying you will get good grade, and if you work hard at your job you will get more money or a better job.

① studying
② a better job
③ more money
④ good grade

a better job 더 나은 직업 / more money 많은 돈 / good grade 좋은 등급
studying은 노력의 대상이지 결과는 아니다.

 성공이란 열심히 노력한 결과이다. 예를 들어, 학업에 열중하면 학점을 잘 받고, 자기 업무에 충실하면 더 많은 돈을 벌거나 더 나은 직업을 얻게 될 것이다.

05. Which of the following is the most appropriate for the blank (A) and (B)?

• The mother of your father or mother is your ___(A)___.

정답 03. ④ 04. ① 05. ③

• The son of your brother of sister is your __(B)__.

	(A)	(B)		(A)	(B)
①	stepmother	nephew	②	stepmother	cousin
③	grandmother	nephew	④	grandmother	cousin

stepmother 계모 / nephew 조카 / cousin 사촌

- 아버지나 어머니의 어머니는 할머니다.
- 형제자매의 아들은 조카이다.

※ 다음 대화의 밑줄 친 빈칸에 들어갈 내용으로 옳은 것을 고르시오. (06~07)

06.

A : Excuse me, sir. _____
B : I'm sorry, but I'm a stranger here.

① What is this?　　　　② What is here?
③ What place is this?　④ Where am I?

'여기가 어디입니까?'라고 할 때는 Where am I?

A : 실례합니다만 여기가 어디죠?
B : 죄송합니다만 저도 초행입니다.

07.

A : I'm lost. Is this the way to Seoul station?
B : _____. This is to Yongsan station.

① Certainly　　　　② You can't miss t
③ That's right　　　④ No. You're on the wrong road

06. ④　07. ④

You can't miss it 틀림없이 찾을 수 있을 것이다. / That's right 그래 맞아

A : 길을 잃었습니다. 이 길이 서울역 가는 길입니까?
B : <u>아뇨, 길을 잘못 드셨습니다.</u> 이 길은 용산역 가는 길입니다.

08. Which of the following is not acceptable for the blank?

> A : Excuse me. How can I get to Seoul station?
> B : Turn left at the second traffic light. It's on the right.
> A : Thanks a lot.
> B : _____.

① It's my pleasure ② About the same
③ You're welcome ④ Don't mention it

감사에 대한 대답으로는 You're welcome, Don't mention it, Not at all, It's my pleasure(오히려 제가 기쁩니다) 등이 있다.

A : 실례합니다만, 서울역을 어떻게 갑니까?
B : 두 번째 신호등에서 왼쪽으로 돌면 됩니다.
A : 감사합니다.
B : <u>천만에요.</u>

09. Which one of the underlined parts is not correct grammatically?

> "<u>Everyone was</u> surprised <u>to learn</u> that he had <u>done so good</u> in the speech contest after <u>so little practice</u>."

① Everyone was ② to learn
③ done so good ④ so little practice

so little practice → so little a practice

 08. ② 09. ④

제 9회 적중예상문제   155

해석 거의 연습하지 않고도 그가 웅변대회에서 그렇게 잘했다는 사실을 알고는 모두가 놀랐다.

10. Where are they talking?

> A : Where do you want to go?
> B : To the train station. I'm in a hurry.
> A : What time's your train?
> B : In ten minutes!
> A : Ten minutes! There's a lot of traffic now. But I'll try!

① in a taxi   ② in a train
③ at a hotel   ④ at a train station

내용상 택시 안에서의 기사와 승객간의 대화 내용으로 보는 것이 타당하다.

 A : 어디로 갈까요?
B : 기차역으로요. 급합니다.
A : 몇 시 기차죠?
B : 10분 후예요!
A : 10분요! 지금은 교통이 혼잡한데요, 하지만 가 봅시다!

11. What does he underlined it mean?

> A. It's an indoor game between two teams.
> B. In korea, it is one of the most popular sports in the winter.
> C. Each team needs five players to play it.

① basketball   ② football
③ baseball   ④ volleyball

 한 팀이 5명으로 구성된 경기는 농구이다.

  10. ①   11. ①

A. 양 팀이 겨루는 실내경기
B. 한국에서는 가장 인기 있는 겨울철 운동경기 중의 하나이다.
C. 각 팀에서 5명의 선수가 필요하다.

12. If $600 is borrowed from your local bank at 4% per year for one year, how much interest must be paid?

① $1.50　　　　　　　　② $20.00
③ $24.00　　　　　　　　④ $2.40

　　600 × 0.04 = 24달러

 연리 4%의 은행돈 600달러를 1년 간 대부 받을 경우 갚아야 할 이자는?

※ Choose the one with the same meaning as the underlined part. (13~14)

13. I can't put up with your rudeness any more.

① continue　　　　　　② last
③ endure　　　　　　　④ overcome

　　put up with : ~을 참다 = endure

 너의 무례함을 더 이상은 참을 수가 없다.

14. Telephone is useful and convenient for many reasons. However, it is in emergencies that the telephone really proves its usefulness. Telephone is an indispensable instrument in modern life.

① unimportant　　　　　② especially cheap

 12. ③　13. ③　14. ③

③ absolutely necessary　　　　④ almost useless

> convenient 편리한, 간편한 / emergency 비상 / indispensable 불가결의, 없어서는 안 될 = absolutely necessary

> [해석] 전화는 여러 가지 이유에서 유용하고도 편리하다. 하지만, 전화가 가장 유용할 때는 긴급사항이 발생하였을 때다. 전화는 현대생활에서는 <u>없어서는 안 될</u> 기구이다.

15. Select the sentence which is not close in meaning to the other three sentences.

① May I ask a favor of you?　　② Would you do me a favor?
③ Do you a favor, will you?　　④ I have a favor to ask of you.

> [해석] ①, ②, ④ 부탁드려도 될까요?　③ 도와줄 수 있습니까?

16. What is the topic of the following paragraph?

> "Pollution comes from many different sources. In our city most of the pollution in the air comes from cars. Pollution of the rivers comes from factories beside the rivers. Pollution of the land comes from smoke and gases in the air, and from chemicals in the water."

① sources of pollution　　　② pollution of the rivers
③ pollution of the earth　　　④ air pollution

> pollution 오염, 공해 / chemical 화학물질 / source 근원, 원인
> 위 내용의 주제는 여러 가지 오염원이라 할 수 있다.

> [해석] 오염원은 여러 가지가 있다. 우리도시 대부분의 대기오염은 자동차 때문이다. 강의 오염원은 그 근처의 공장들이다. 토양의 오염원은 공기중의 연기 및 가스, 수중의 화학물질에 기인한다.

17. What word does the following definition explain?

"study of the sun, the moon, and the stars."

① biology   ② geology
③ geography   ④ astronomy

위 내용은 천문학에 대한 설명이다.

태양, 달, 별에 대한 연구
① 생물학 ② 지질학 ③ 지리학 ④ 천문학

18. 다음 글의 밑줄 친 부분에서 어법상 가장 어색한 곳은?

They saw Androclus ① <u>put his arms</u> around the lion's neck; they saw the lion ② <u>lie down</u> at his feet, and ③ <u>to lick</u> them lovingly; they saw the great beast rub his head against the slave's face ④ <u>as though he wanted</u> to be petted.

beast 짐승 / rub 문지르다 / pet 귀여워 하다, 쓰다듬어 주다
③ and 이하의 to lick이 앞의 지각동사 saw가 있으므로 원형부정사 lick이 와야 옳다.

그들은 안드로클로스가 사자의 목에 팔을 두르고 있는 것을 보았고 사자가 그의 발밑에 누워 그의 발을 사랑스럽게 핥아대는 것을 보았으며 마치 그 커다란 맹수가 쓰다듬어 달라는 것처럼 그 노예의 얼굴에 자기 머리를 문지르는 것을 보았다.

19. Choose the correct meaning of the underlined part.

"This regulation should be obeyed <u>to the letter</u>."

① faithfully   ② immediately

정답 17. ④ 18. ③ 19. ①

③ generally ④ seriously

> to the letter 문자 (그)대로, 엄밀히 / faithfully 정확히, 충실히, 성실하게

> 이 규칙은 엄밀히 지켜져야 한다.

※ Choose the best translation of the following in English.

20.
| 그처럼 사느니 차라리 죽는 편이 낫겠다. |

① I prefer dying to living like that.
② I would rather live like that than die.
③ I would rather die than live like that.
④ I had better dying than living like that.

> would rather(sooner) / han rather +A+than+B : B하느니 차라리 A하는 게 낫다.

21. 다음 글의 밑줄 친 부분과 바꾸어 쓸 수 있는 것으로 올바르게 연결된 것은?

- The theft of small of money is a <u>misdemeanor</u>.
- The movie star signed a <u>lucrative</u> one.

① period of sickness—profitable   ② wrong doing—profitable
③ rude word—worthless   ④ mistake—questionable

> misdemeanor 비행, 나쁜 품행 / lucrative 수지맞은, 돈이 벌리는 / profitable 유리한, 이문이 있는 / laborious 힘드는, 고된 / worthless 가치없는 / questionable 의심스러운

정답 20. ③ 21. ②

22. 다음 글의 내용이 서로 같지 않은 것은?

① It would be wise to leave it unsaid.
   = It would be wise if you left it unsaid.
② He worked hard in order not to fail.
   = He worked hard for fear that he should fail.
③ He can speak English, not to speak of French.
   = He can speak English, much less French.
④ He survived the accident, only to die of measles.
   = He survived the accident, but died of measles.

③ not to speak of, to say nothing of, not to mention은 '~은 말할 것도 없이'의 의미로 쓰이는 관용적 표현이고 much less도 같은 의미를 갖지만 부정문에서는 '~도 아니다'는 의미이므로 긍정문에서는 much more로 하여야 한다.

① 그것을 말하지 않고 두는 것이 현명하다.
   = 그것을 말하지 않고 둔다면 그것은 현명한 일이다.
② 그는 실패하지 않기 위해 열심히 일했다.
   = 그는 실패할까 두려워 열심히 일했다.
③ 그는 불어는 말할 것도 없이 영어도 할 줄 안다.
   = 문법적으로 틀린 문장
④ 그는 그 사고에서 살아남았으나 질병으로 죽었다.
   = 그는 그 사고에서 살아남았지만 질병으로 죽었다.

※ Choose the best meaning of the underlined part of each sentence given bellow. (23~24)

23.

His report was organized <u>chronologically</u>.

① by contrasts
② in terms of comparisons
③ according to significance
④ according to a time sequence

chronologically 연대순으로, 연대적으로는 / sequence 연달아 일어남, 연속, 순서, 차례 / by contrasts 대조에 의해

 22. ③ 23. ④

24.

> She likes golf, but what she really goes in for is tennis.

① has a strong interest in ② has something to do with
③ has half a mind about ④ has much time of

go in for(=have a strong interest in) : ~을 좋아하다
have something to do with~ : ~과 관계가 있다
have half a mind to~ : ~할까 망설이다

25. 다음 글의 밑줄 친 부분과 바꿔 쓸 수 있는 말로 올바르게 연결된 것은?

> • Mary said that she was fed up.
> • Mr. Park walked out on his wife.

① disgusted-deserted ② satisfied-was ahead of
③ ravenous-accompanied ④ full-took a walk with

be fed up 물리다, 진저리나다(=be disgusted at) / ravenous 게걸스럽게 먹는, 몹시 굶주린 / walk out on~ : ~을 버리다, 저버리다(=desert) / be ahead of~ : ~보다 앞서다 / accompany 동반하다

26. 다음 문장에서 어법상 올바르게 된 것은?

① She is busy to cook dinner.
② Those expected failed to turn up.
③ He went out, with his dog followed behind.
④ With night came on, we hurried home.

정답 24. ① 25. ① 26. ②

① be busy+v-ing(~하느라 바쁘다)로 하여야 한다.
② expected는 과거분사로 쓰여 Those를 수식하고 있다.
③ 현재분사 following으로 하여야 한다.
④ 전치사 다음에 주어+동사가 올 수 없으므로 With를 접속사 As[When]로 바꾸거나 'with+명사+분사'형인 With night coming on으로 해야 한다.

① 그녀는 저녁을 준비하느라 바쁘다.
② 예상된 사람들이 오지 않았다.
③ 그는 개를 뒤로 한 채 외출했다.
④ 밤이 되자 우리는 서둘러 집으로 갔다.

※ Continue the sentence with the right answer. (27~29)

27.
A : Does your watch keep good time?
B : _____.

① No, my watch glass is broken
② No, my watch loses five minutes a day
③ I must wind it up
④ You must be punctual

keep good time 시간이 잘 맞다 / lost five minutes 5분이 늦다 / wind up 태엽을 감다 / punctual 시간을 지키는
① 아뇨, 내 시계의 유리가 깨졌어요.
② 아뇨, 내 시계는 하루에 5분이 늦습니다.
③ 태엽을 감아야 한다.
④ 시간을 지켜야만 한다.

28.
A : Where can I reach you?
B : _____.

26. ② 27. ② 28. ④

① Fine, I'd like to.
② I don't like my home
③ At the airport many people will show up
④ I'm staying at the Seoul Hotel

① 좋아, 그렇게 하고 싶어요.
② 나의 집을 좋아하지 않아.
③ 공항에서는 많은 사람들이 눈에 띌 것이다.

A : 어디로 연락을 취하면 되겠습니까?
B : 내가 머물고 있는 서울호텔로 주세요.

29.

A : Do you think it'll fit me?
B : _____.
A : O.K. I'll take it.

① May I try it on?   ② Yes, I am.
③ Here it is.   ④ This is very becoming

becoming ~어울리는 / fit ~에 잘맞다 / try on (시험삼아) 입어보다
① 입어 봐도 될까요?   ② 예, 여기 있습니다.
③ 상황이 그렇다.   ④ 매우 잘 어울려.

※ Choose one which gives a most faithful translation. (30~32)

30.

나는 오늘밤에 맥주를 마시고 싶지 않다.

① I don't feel like drinking beer tonight.
② I don't feel like to drink beer tonight.
③ I don't feel inclined to drinking beer tonight.
④ I am disposed to drink beer tonight.

 29. ④   30. ①

feel like+동명사
　　　feel inclined+to 부정사   ～하고 싶다
　　　be disposed+to 부정사

31.
무슨 일로 그 분을 만나려 하십니까?

① What do you want to do by seeing him about?
② What do you want to see him for?
③ What are you going to have him do when see?
④ What for you like to see him?

　　　What～for? = Why～?

32.
그들은 많은 공통점을 가지고 있다.

① They have much in common.　② They have much at common.
③ They have much with common.　④ They have much on common.

　　　have in common ～공통점이 있다

※ Choose the ungrammatical one. (33~34)

33.
Bears will not usually ① <u>attack to</u> a man ② <u>unless provoked</u>, but a she bear with cubs is ③ <u>not afraid of</u> ④ <u>anyone</u>.

　　　① attack to → attack

 31. ② 32. ① 33. ①

34.

President Kennedy's efforts ① to enact liberal ② domestic legislation ③ was ④ unsuccessful during his lifetime.

 ③ was → were

※ Fill in the blank with the most suitable word or phrase, considering the context. (35~37)

35.

Even when we make an inference from known facts, the truth of the inference is never certain. If the body of evidence from which we draw a conclusion is sufficiently large and reliable, we may accept the conclusion as _____.

① immediately obvious ② enhancing the criterion
③ unquestionably proved ④ reasonably probable

 inference 추론 / reliable 믿을만한 / immediately 즉시 / obvious 명백한 / enhance 향상하다, 높이다 / criterion 표준, 기준 / probable 개연적인, 있음직한

우리가 잘 알려진 사실에서 추론할 때 그 추론의 진실성이 결코 확실한 것은 아니다. 우리가 결론을 도출해내는 증거의 실체가 충분히 많고 믿음직스럽다면 우리는 그 결론을 상당히 개연성 있다고 받아들인다.

36.

People have always found it difficult to govern themselves, which explains why there are so few truly _____ societies around today.

① democratic ② technocratic
③ plebeian ④ autocratic

  34. ③ 35. ④ 36. ①

technocratic 기술주의적인 / plebeian 평민의 / autocratic 독재적인

사람들은 항상 자치가 어렵다는 것을 알아왔고 이것이 왜 오늘날 진정한 민주주의 사회가 거의 없냐를 설명한다.

37.

It is important to understand that woman culture is not and should not be seen as a substructure. It is hardly possible for majority to live in a substructure. Women live their social existence within the general culture and, whether they are defined by patriarchal restraint or segregation into separateness, they transform this restraint into complementarity and redefine it. Thus, women live their _____ as members of the general culture and as partakers of women's culture.

① social life
② dualistic life
③ separated life
④ subcultural life

define 규정짓다, 한정하다 / patriarchal 가부장적인 / restraint 제지하다, 억누르다 / segregation 분리, 격리, 차별 / transform 변형시키다 / complementarity 상호보완 / partaker 참가자, 관계자 / dualistic 이원적인

여성문화는 하부구조가 아니며 아니어야 한다는 것을 이해한다는 것이 중요하다. 다수가 하부구조 안에 산다는 것은 불가능하다. 여성은 일반 문화 속에서 사회적 존재로 살고 있으며 그네들이 가부장적 속박이나 차별에 의해 한정된다 할지라도 이런 구속을 상호 보완되게 바꾸고 그것을 재 정의한다. 여성은 일반문화의 구성원으로서 그리고 여성문화의 참여자로서 이중적인 생을 산다.

38. 다음 글에서 어법상 옳지 않은 것은?

① Let to herself, she began to weep.
② I never see this watch without thinking of you.
③ He narrowly escaped from running over by a taxi.
④ Bill, as well as his friends, was injured.

정답 37. ② 38. ③

① when she was left to herself, ~
② never A without B : A하기만 하면 반드시 B하다
③ running → being run
④ A as well as B : A뿐만 아니라 B도

39. 다음 문장 중에서 어법상 옳지 않은 것은?

① I must have my hair cut.
② I make it a rule to take a walk every morning.
③ I expected Susan to marry John.
④ No one can make him to do the work.

① 사역동사 have + 目 + p.p
② make it a rule + to부정사 : 언제나~하기로 하고 있다
③ expect + 目 + to부정사, marry는 타동사로서 전치사가 필요 없다.
④ 사역동사 make + 目 + 원형동사, to do → do

40. 다음은 어떤 단어를 설명한 글이다. 알맞은 것은?

A painting, drawing, or other representation of a person usually showing his face.

① a chest   ② a photograph
③ a portrait   ④ a shoulder

pictorial 그림의 / representation 표현, 묘사 / chest 가슴/ portrait 초상화

보통 한 사람의 얼굴을 그리는 유화, 데생 또는 다른 회화

정답 39. ④ 40. ③

제 10회 적중예상문제

01. Fill in the blank with the most suitable word.

> The highest _____ is to combine human love with a sense of common loyalty and charity and tenderness. The essence of _____ is that we should search his conscience and that should act as it tells him.

① philosophy
② morality
③ freedom
④ generosity

 최고의 도덕은 인간의 사랑을 공동의 충성심과 자비심, 부드러움과 결합하는 것이다. 도덕의 본질은 양심을 추구하고 양심이 말하는 대로 행동해야 한다는 것이다.
① 철학 ② 도덕 ③ 자유 ④ 관대함

02. 다음 글에서 밑줄 친 부분이 의미하는 것은?

> Our young people are helpless when thrown back on obsolete technology, such as dial telephone. This fact shows that the young men are dependent on <u>state of art</u> technology and that the older men are obsolete with the machines of our era.

① current advanced
② innovated
③ creative
④ definite

obsolete 구식의, 쓸모없는, 사라진 / dependent 의존하는 / state of art 최신식, 진보된 / era 시대
① 현재의 진척 ② 혁신적인
③ 창조적인   ④ 확고한, 뚜렷한

 01. ② 02. ①

제10회 적중예상문제

해석 우리의 젊은이들은 가령 다이얼전화기 같은 구식 기술로 되돌려질 때 절망적이다. 이 사실은 젊은이들이 <u>진보된</u> 기술에 의존하고 있으며 늙은이들은 우리시대의 기술시대에 뒤떨어져 있다는 것을 보여준다.

※ Choose the best phrase for the underlined part. (03~04)

03.
> This man gets a serious injury because of accident on the expressway. Ask the doctor to come as soon as possible._____ give him the first-aid treatment.

① Meanwhile ② Nevertheless
③ On the other hand ④ Moreover

injury 상처, 상해 / accident 사고

 이 남자는 고속도로 사고 때문에 심한 부상을 입었다. 의사에게 가능한 빨리 오도록 부탁하세요. <u>그 사이에</u> 그에게 응급치료를 하세요.
① 그 사이에, 한편 ② 그럼에도 불구하고 ③ 반대로 ④ 게다가

04.
> Seoul subway is the seventh largest in the world, ____ 3million a day. If Line 1, Line 2, Line 4, which are _____ construction, are completed, the subway system give much better transportation for many people who live in suburban area.

① carrying, under ② is carried, on
③ to carry, with ④ carried, in

construction 건설 / complete 완전한 / transportation 운송, 수송

 03. ① 04. ①

해석 서울지하철은 하루에 3백만 명을 실어 나르는 세계에서 일곱 번째로 크다. 만일 건설 중인 1, 2, 4호선이 완성되면 지하철은 외곽지역에 살고 있는 많은 사람들에게 좋은 교통을 제공한다.

05. 다음 중 동의어로 짝지어진 것이 아닌 것은?

① capacity – ability   ② cautious – careful
③ respective – estimable   ④ contamination – pollution

① 능력 ② 주의하는 ③ respective 각각의 – estimable 존경할 만한 ④ 오염

06. 다음 글에서 She의 성격은?

As she stood on the little grass lot before the house and felt the cold rain on her body, a mad desire to run naked through the streets took possession of her. She thought that the rain would have some creative and wonderful effect on her body. Not for years had she felt so full of youth and courage. She wanted to leap and run, to cry out, to find some other lonely human and embrace him.

① passive   ② timid
③ thoughtful   ④ passionate

desire 욕망을 느끼다 / possession 사로잡다 / creative 독창적인 / courage 용기 / embrace 얼싸안다, 포옹하다 / passive 수동적인 / timid 소심한 / thoughtful 사려 깊은 / passionate 정열적인
두 번째 줄의 'a mad desire~ her.'에서 어느 정도 그녀의 성격을 짐작할 수 있으며 보기 중 가장 적절한 표현은 passionate이다.

해석 그녀는 집 앞 조그만 잔디 구역에 섰을 때, 그녀 몸 위로 차가운 비를 느꼈고, 거리를 가로질러 벌거벗은 채 달리고 싶은 미친 욕망이 그녀를 사로잡았다. 비는 그녀의 몸에 무엇인가 창조적이고 훌륭한 영향을 미칠 것이라고 그녀는 생각했다. 몇 년 동안 그녀는 그렇게 충만한 젊음과 용기를 느끼지 못했다. 그녀는 껑충껑충 뛰고, 달리고, 소리치고, 어떤 다른 외로운 사람을 발견하면 그를 포옹하기를 원했다.

07. Choose the one word that best completes the sentence.

> She is my good friend and she never _____ to send me a birthday card each year.

① fails
② stops
③ ignores
④ misses

never fail to + v : 반드시 ~한다.

해석 그녀는 나의 좋은 친구이며 매년 나에게 생일카드를 보내는 것을 잊지 않는다.

08. 다음 글의 밑줄 친 부분이 어법상 옳지 않은 것은?

> We <u>must regard</u> any statement about this controversy, <u>whatever</u> the source,
> ①　　　　　　　　　　　　　　　　　　　　　②
> <u>as gossip</u> until <u>they are</u> confirmed.
> ③　　　　　　④

regard A as B : A를 B로 간주하다.
④ → it is conformed

해석 우리 이런 논란에 대한 진술을 -출처가 어디든- 확인될 때까지는 가십으로 간주해야 된다.

정답 07. ①　08. ④

09. 다음 밑줄 친 부분에 들어갈 내용으로 알맞은 것은?

> In my opinion, man is capable of reasoning but not _____ within wholly rational limits.

① to act   ② acting
③ of acting   ④ of being acted

opinion 견해 / capable ~을 할 수 있는 / reasoning 추리, 추론 / wholly 완전히, 전적으로 / limit 한계, 경계
but → 등위 접속사

내 생각으로, 인간은 추론할 수 있지만 전적으로 합리적 한계 안에서 행동할 수 있는 것은 아니다.

10. Choose the one word that best completes the sentence.

> On my way to school, I saw an old man begging for money. I felt _____.

① pitiless   ② pitiable
③ sorry   ④ sorrowful

① 무정한 ② 가련한, 가엾은 ④ 슬픈

11. 다음 중 밑줄 친 부분이 문법적으로 올바른 것은?

① We <u>are needing</u> some more milk.
② He doesn't <u>need to</u> go there tonight.
③ To pass the exam, you <u>need</u> work effectively.
④ The old house is <u>in need for</u> repair.

① are needing → need ③ need → need to ④ in need for → in need of

정답) 09. ② 10. ② 11. ②

제10회 적중예상문제

※ Continue the sentence with the right answer. (12~13)

12.

> A : Hi, Dennis.
> B : Hi, Mike. You've lost a lot of weight, haven't you?
> A : Forty pounds.
> B : _____ . How much do you weigh now?
> A : Around 160.
> B : You're in great shape.
> A : Well, I get a lot of exercise.

① No kidding
② Good job
③ Absolutely
④ Not at all

 B : 몸무게 많이 줄였지. 그렇지?
A : 40 파운드
B : <u>잘했어</u>, 너는 얼마지?
① 농담마 ③ 그렇지 ④ 전혀

13.

> A : May I speak to Mary.
> B : I'm sorry. She isn't at his desk.
>   May I take a message?
> A : Yes, Tell her I said _____ her new baby.
> B : Yes, Is that all?

① to congratulate on
② congratulation on
③ congratulating with
④ congratulation in

Congratulation on~ : ~을 축하하다.

 12. ② 13. ②

※ 다음 글의 밑줄 친 부분에 들어갈 내용으로 문맥상 알맞은 것을 고르시오. (14~15)

14.

The signature of the bottom of the text is _____.

① illegible   ② incomprehensive
③ illegal   ④ nonsense

signature 서명
① 판독할 수 없는 ② 포괄적이 아닌 ③ 불법적인

15.

Put your hand in cold water, and that will be ____ the pain of the burnt hand.

① bear   ② avoid
③ relieve ④ resist

해석: 차가운 물에 손을 넣으세요, 그러면 그것이 데인 손의 고통을 덜어줄 겁니다.
① 참다 ② 피하다 ③ (고통, 통증)을 덜어주다 ④ 저항하다

※ 다음 글에서 나머지와 의미가 다른 하나를 고르시오. (16~17)

16.
① I'm afraid of not following you.
② I'm not in the mood to follow you.
③ I'm not really sure what you're getting at.
④ I'm not quite clear as to what you mean.

해석: ①, ③, ④ 무슨 뜻인지 모르겠군요.
② 당신을 따라갈 기분이 아니군요.

정답 14. ① 15. ③ 16. ②

17.
① These things happen.　② You make mistake.
③ You are only human.　④ It's all my fault.

 ①, ②, ③ 그럴 수 있지요.
④ 모두 제 잘못입니다

※ 다음 밑줄 친 부분에 들어갈 가장 알맞은 것은? (18~19)

18.
_____, we will go on a picnic.

① If it will be fine tomorrow　② If it is fine tomorrow
③ Being fine tomorrow　④ Fine tomorrow

　① → If it is fine tomorrow,
　③ → It being fine tomorrow,
　④ → It being fine tomorrow,

19.
He smokes like a chimney _____

① because he cannot read the warning.
② since smoking is harmful to his healthy.
③ although smoking is harmful to his healthy.
④ for smoking is harmful to his healthy.

　② since → 이유 접속사
　④ for → 이유 접속사

 그는 골초이다. 흡연이 건강에 해롭지만

정답) 17. ④　18. ②　19. ③

20. 다음 대화의 밑줄 친 부분에 들어갈 알맞은 내용은?

> A : _____.
> B : It is fine.
> A : Isn't it somewhat large to you?
> B : No.

① What are the size?
② What is the size of this bicycle?
③ How do you like your bicycle?
④ How soon will it be ready?

해석 A : 자전거가 마음에 드세요?
　　　B : 좋습니다.
　　　A : 약간 크지 않나요?
　　　B : 아니요.

21. 다음 대화의 마지막 응답으로 가장 적절한 것은?

> A : Excuse me, where is the bus stop near here?
> B : I'm sorry but I'm stranger here.
> A : _____.

① Well, it depends.　　② You can't miss it.
③ Thanks anyway.　　④ What's the matter?

해석 (A) 실례합니다, 가까운 버스정유소가 어디에 있어요?
　　　(B) 죄송합니다만, 저도 초행입니다
　　　(A) 어쨌든 감사합니다.

22. 다음 중 올바른 문장을 고르면?

① I have finished my work an hour ago.
② When have you returned from the journey abroad?
③ I don't know if she comes tomorrow.
④ If it is fine tomorrow, I will go fishing.

① have finished ⇒ finished(ago-명백한 과거)
② have you returned ⇒ did you return(의문사 when 은 완료형 사용불가)
③ comes ⇒ will come(명사절)

23. 다음 대화문의 밑줄 친 부분에 들어갈 내용으로 옳은 것은?

A : What can I do for you?
B : No, thanks. _____.
A : Let me know if you see anything you want to try on.
B : Okay. Thanks.

① I feel rather dull.   ② Keep the change.
③ I'm just browsing.   ④ I've had enough.

 browse 구경하다 / dull 지겨운 / change 잔돈

 A : 무엇을 도와드릴까요?
B : 아닙니다. 그냥 구경만 하는 겁니다.
A : 입어보고 싶은 것이 있으면 알려 주세요.
B : 감사합니다.

24. 다음 문장의 밑줄 친 부분에 들어갈 알맞은 것은?

You can fly to London this evening _____ you don't mind changing planes in Paris.

정답 22. ④ 23. ③ 24. ④

① whether ② except
③ so far as ④ so that

 so far as ~하는 한

 파리에서 비행기를 갈아타는게 괜찮으시다면 오늘 저녁 비행기로 런던에 갈 수 있습니다.

25. 다음 밑줄 친 곳의 단어와 바꾸어 써도 의미가 상통하는 것은?

Insecurity, worry, and nervous breakdown are <u>rampant</u> among white-collar workers.

① unavoidable ② obstinate
③ prevalent ④ revealed

 insecurity 불안, 위험 / nervous breakdown 신경쇠약 / rampant 만연한 = prevalent. / unavoidable 불가피한 / obstinate 고집 센 / reveal 드러내다

26. 다음 글 중 밑줄 친 곳에 들어갈 가장 알맞은 것은?

The urban population of the United States has slowly _____, the urban decline in births being more than balanced by migration from the rural areas.

① decreased ② consolidated
③ disintegrated ④ increased

 urban 도시의 / migration 이주 / decreased 줄어든 / consolidated 합병된 / disintegrated 붕괴된

 미국의 도시인구는 서서히 감소 해왔다. 시골지역에서의 이주로 균형이 잡히기 보다는 도시의 출생률의 감소가 심각했기 때문이다.

정답 25. ③ 26. ①

※ 다음 문장의 밑줄 친 부분에 들어갈 알맞은 것을 고르시오. (27~28)

27.
Is the climate of Italy _____ ?

① similar like Florida
② somewhat similar to Florida
③ like that of somewhat similar to Florida
④ somewhat like that of Florida

 be similar to = be like 지시대명사 문제

28.
It seems difficult for a man who enjoys _____ .

① to like many people who enjoy solitude
② liking solitude of many people
③ to be fond of solitude for many people
④ solitude to like many people

 It ~ for ~ to …

 고독을 즐기는 사람이 여러 사람을 좋아하기는 어려운 것 같아 보인다.

29. 다음 문장의 밑줄 친 곳에 들어갈 내용으로 가장 알맞은 것은?

　　The computer does just what its name implies; it computes. _____, it is like a hand calculator that you might use every day to solve simple numerical calculations.

① However　　　　　　　　　② In this sense

 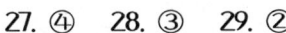 27. ④　28. ③　29. ②

③ On the other hand　　　　④ By the way

　by the way 그런데 / compute 계산하다 / imply 암시하다 / in the end 결국 / in this sense 이런 견지에서 / numerical 수적인

　컴퓨터는 단지 그 이름이 암시하는 것을 한다. 즉 컴퓨터는 계산을 하는 것이다. <u>이런 견지에서</u> 당신이 단순히 수적인 계산 문제를 해결하기 위해서 매일 사용할지도 모르는 휴대용 계산기와 같다.

30. 다음 밑줄 친 부분에 들어갈 가장 적당한 것은?

> Country life has many advantages. For one thing the air is fresh and clean. Another advantage is that in many ways country life is more _____ than city life.

① expensive　　　　② unpleasant
③ inconvenient　　　④ economical

　economical 검소한 / for one thing 우선, 첫째로 / inconvenient 불편한 / unpleasant 불쾌한

　시골 생활은 많은 장점들을 가지고 있다. 첫째로 공기가 신선하고 깨끗하다. 또 하나의 장점은 여러 가지 면에서 시골생활은 도시생활 보다 <u>경제적</u>이다.

31. 다음 문장의 밑줄 친 부분에 각각 들어갈 내용으로 알맞은 것은?

> He suggested _____ that I introduced _____.

① me-them my wife　　　② me - my wife to them
③ to me - them my wife　④ to me - my wife to them

　suggest, introduce say, confess, explain…… : 3형식 동사 + to + 사람
　제안동사 : ~ that S+(should)+V ~

정답　30. ④　31. ④

32. 다음 글의 밑줄 친 곳에 들어갈 내용으로 가장 적당한 것은?

> The polar bear lives in the very cold North. Although it is used to cold weather, the polar bear — after being captured, taken from its home, and kept in the zoo — gets along in the summer heat better than many animals which lives where it is _____.

① high　　　　　　　　② warm
③ rock　　　　　　　　④ light

be used to ~에 익숙하다 / get along 살아가다 / capture 포획하다 / polar bear 북극곰

북극곰은 무척 추운 북극에서 산다. 비록 추운 날씨에 익숙해 있지만, 이 북극곰들은 그들의 고향에서 포획당한 후 동물원에 가두어 놓아도 <u>따뜻한</u> 곳에 살던 여러 동물들 보다 여름을 더 잘 보낸다.

33. 다음 중 문법상 어법이 틀린 것은?

① The dentist knew me well, for I was always having trouble with my teeth.
② You should not ask such questions to your parents.
③ I shall be through the work before you return.
④ Don't talk with your mouth full.
⑤ I may be able to come in a week.

② ~to your parents. → of your parents. 너는 부모님께 그런 질문을 해서는 안 된다.

34. 다음 문장에서 문법적 또는 어법적으로 옳은 문장은?

① I have lived here during fives years.

정답 32. ② 33. ② 34. ④

② I have finished my work an hour ago.
③ She has just now arrived.
④ Hardly had I seen the lady before she ran away.

① during ⇒ for
② have finished ⇒ finished
③ just now ⇒ just

35. 다음 중 옳은 문장을 고르면?

① Now that he has gone, we miss him.
② Ten years have passed since he has gone to Mexico.
③ I have been knowing him since he was born.
④ Ten years ago, he has climbed Mt. Hanla.

② has gone ⇒ went
③ have been knowing ⇒ have known
④ has climbed ⇒ climbed

36. 다음 빈 칸에 들어갈 내용으로 알맞은 것은?

_____ a light lunch, the committee members resumed the discussion on food and population.

① To serve   ② To have served
③ Serving   ④ Served

분사구문 : 과거분사로 시작되는 구문은 수동의 의미.

해석 가벼운 점심식사를 대접받고 위원회 의원들이 식량과 인구에 대한 토론을 개재했다.

37. 다음 밑줄 친 부분에 들어갈 가장 적당한 것은?

> The reputation of a man is like his _____ ; it sometimes follows and sometimes precedes him ; it is sometimes shorter and sometimes taller than his natural size.

① height ② vision
③ shadow ④ reality

height 높이, 키 / precede 앞서가다 / reputation 명성 / shadow 그림자 / vision 시력, 통찰력

해석) 사람의 명성은 자신의 그림자와 같다. 그것은 때때로 그를 뒤따라오고 이따금 그를 앞선다. 그것은 가끔씩 그의 실제 크기보다 더 작기도 하고 가끔씩 더 크기도 한다.

※ 다음 빈 곳에 들어갈 알맞은 말을 고르시오. (38~39)

38.

> Because the judge's _____ was considered so good, his _____ were always respected.

① judgement - verdicts ② intuition - whims
③ clientele - actions ④ knowledge - antiquities

judgement 판단 / verdict 판결 / intuition 직관 / whim 변덕 / clientele 의뢰인단 / antiquity 낡음

39.

> "I am as strong as a lion." is an example of _____.

① simile ② metaphor
③ oxymoron ④ alliteration

정답) 37. ③ 38. ① 39. ①

simile 직유법 / metaphor 은유 / oxymoron 모순어법 / alliteration 두운법

해석 "나는 사자처럼 강하다"는 직유법의 예이다.

40. 다음 A, B의 대화에서 밑줄 친 부분에 들어갈 알맞은 내용은?

> A : How are you doing on your novel?
> B : Not so well, I'm afraid.
> A : What's the trouble?
> B : I can't think of an ending. _____.

① It would be excellent
② I'm at a standstill
③ I know you don't care
④ It's exciting

at a standstill = 진퇴양난. deadlock, predicament, quandary, impasse, dilemma.

해석 A : 소설 잘되어 가니?
B : 아니, 그런데 걱정이 있어.
A : 무슨 문제인데?
B : 끝부분이 생각 안나 진퇴양난이야.

정답 40. ②

제11회 적중예상문제

01. 다음 밑줄 친 it이 구체적으로 가리키는 것은?

> It has been valued by people for many centuries, and today an average of two million dollars worth of this drug is exported annually from Asian countries to the planet which resembles the appearance of a man, certain medical beliefs sprang up long that still, persist for the Asian.

① herb
② ginseng
③ honey
④ potato
⑤ aspirin

🎓 본문의 내용은 ginseng에 관한 내용이다. '사람의 모습(외관)을 닮은'이라는 표현에서 it이 상징하는 바를 연상하여야 한다.
herb 풀, 초본, 약초 / ginseng (고려)인삼 / appearance 외향, 모습, 외무
spring-sprang-sprung 솟아오르다, 불쑥 돋아나다, 기원하다

【해석】 그것은 수백년에 걸쳐 사람들에 의해 귀중하게 여겨져 왔고, 오늘날도 매년 평균 2백만불 어치의 이 약이 아시아의 국가들로부터 전세계로 수출되며, 이것은 사람의 외모와 닮았고, 오래 전부터 시작되어 지금까지 어떤 의학적 효과에 대한 믿음들이 아시아인들에게는 지속되고 있다.

※ 다음 글을 읽고 물음에 답하시오. (02~03)

> Happiness is in action, and every power is intended for action. It's a good policy Ⓐ <u>to stike while the iron is hot</u>. It is Ⓑ <u>still</u> better to make the iron by striking.
> I have always found that it's more painful to do nothing than something. Of all the virtues, cheerfulness and enthusiasm are the most profitable.

정답) 01. ②

02. 위 글에서 밑줄 친 Ⓐ의 뜻(취지)과 같은 것은?

① Practice what you preach.
② The early bird catches the worm.
③ Time and tide waits for no man.
④ Make hay while the sun shines.
⑤ Don't count the chicken before they are hatched.

 ① 남에게 설교하는 바를 스스로 실천해라.
② 새도 일찍 일어나야 벌레를 잡는다.
③ 세월은 사람을 기다리지 않는다.
④ Strike while the iron is hot. : 기회를 놓치지 마라. 호기를 놓치지 말아라.
　= Make hay while the sun shines. : 해가 있을 때 풀을 말려라.
⑤ 떡줄 사람은 생각하지도 않는데 김치국부터 마신다.

03. 위 글의 밑줄 친 Ⓑ still과 같은 뜻(용법)으로 쓰인 것은?

① Please keep still while I take your picture.
② He is bright, but his brother is still brighter.
③ Still waters run deep.
④ In spite of her faults, he still loves her.
⑤ They are still hoping for a better society.

기회를 놓치지 말고 행복은 바로 행동하는 것이며, 그 모든 가치 중에서 기쁨과 열정이 가장 유익한 것이다. 등을 이해하여야 한다.
still (형용사·부사의 비교급 앞에서) 더욱 더, 한층(부사) / action 활동, 실행, 행동, 수단 / painful 아픈, 괴로운, 힘든 / virtue 미덕 / cheerfulness 기분 좋음, 밝음 / enthusiasm 열정, 열광, 열성 / profitable 이익이 많은, 유익한

 ① 제발 내가 너의 사진을 찍을 때까지 가만히 있어라.
　(움직이지 않는, 가만히 있는 ; 형용사)
② 그는 영리하다. 그러나 그의 형은 더욱 더 영리하다.(더욱 ; 부사)
③ 조용히 흐르는 물이 깊다.(조용한, 잔잔한, 고요한 ; 형용사)
④ 그녀의 결점에도 불구하고, 그는 여전히 그녀를 사랑한다.
　(아직도, 전과 마찬가지로 ; 부사)
⑤ 그들은 아직도 더 나은 사회를 희망하고 있다.(아직도 ; 부사)

정답 02. ④　03. ②

행복은 행동이고 모든 힘은 행동을 위해 준비된다. 쇠가 뜨거울 때 때리는 것은 좋은 방책이다. 쇠를 때림으로써 뜨겁게 만드는 것은 보다 더 좋은 방책이다. 나는 언제나 아무것도 하지 않는 것이 보다 더 고통스럽다는 사실을 안다. 모든 미덕 중 쾌활함과 열광은 가장 유익하다.

04. 다음 글의 (   )에 공통으로 들어갈 말은?

In the very act of (   ), I experience my strength, my wealth, my power. This experience of heightened my strengthed vitality and potency fills me with joy. (   ) is more joyous than receiving, not because it is a deprivation, but because in the act of (   ) lies the expression of my aliveness.

① aliving(or Aliving)
② deprivation(or Deprivation)
③ experience(or Experience)
④ giving(or Giving)
⑤ loving(or Loving)

 deprivation 박탈 / aliveness 살아있음

 '주는 것'의 행동에서 나는 활기와 부와 권력을 맛본다. 나의 활력과 잠재력을 증진시킨 이러한 경험은 나를 기쁨으로 채운다. 주는 것은 받는 것보다 더 기쁨이 있으며 그것은 빼앗겨서가 아니라 주는 행동이 살아있음의 표현이기 때문에 그렇다.

05. 두 문장의 뜻이 같아지도록 밑줄 친 곳에 들어갈 내용으로 알맞은 것은?

His pride would not allow him to accept any reward.
= He was _____ any reward.

① proud enought to accept
② not pround to accept
③ so pround as to accept
④ too pround not to accept
⑤ too pround to accept

reward 보상 / accept 받아들이다, 받아주다 / proud 자랑스러운
He was so proud that he could not accept any reward. (복문)
= He was too proud to accept any reward. (단문)
= His pride would not allow him to accept any reward. (단문-물주구문)

해석 그는 너무도 오만하여 어떤 보상도 받을 수 없었다.

06. 다음 문장의 ( ) 안에 들어갈 알맞은 단어는?

A sum of money paid as a punishment for breaking a rule is called a (   ).

① charge ② fee
③ change ④ fine
⑤ fare

 규칙위반에 대한 처벌로서 내는 돈
① 부과금 ② 요금, 수수료 ③ 거스름돈, 잔돈 ④ 벌금, 과태료 ⑤ 운임

07. 다음 문장 중 어법상 올바르게 쓰인 것은?

① Beware of such people who speak ill of others.
② There is no man but does not want to be happy.
③ I wish he had gone there yesterday.
④ They robbed him of which little money he had.
⑤ She is thought to make the same mistake yesterday

① 선행사에 such가 있는 경우 who를 as로 하여야 옳다.
② but은 부정의 의미를 나타내므로 부정어를 중복 사용할 수 없기 때문에 but wants로 하거나 that does not want로 한다.
④ which는 선행사가 있어야지만 사용하는 관계대명사로 which앞에 선행사가 없으므로 money를 수식하는 관계형용사 what으로 하여야 옳다.
⑤ yesterday는 과거시제이므로 to부정사로 표현할 경우 완료형부정사를 사용해야 한다. 그러므로 to have made로 하여야 옳다.

정답 06. ④ 07. ③

① 남들을 욕하는 그런 사람은 조심하라.
② 행복해지기를 원하지 않는 사람은 없다.
③ 그가 어제 거기에 갔었다면 좋았을 텐데.
④ 그들은 그에게서 적지만 그가 가진 돈 전부를 빼앗았다.
⑤ 그녀는 어제와 같은 실수를 한 것으로 생각된다.

08. 다음 문장에서 어법상 잘못된 것은?

① I hope to see you there.
② I told Mr. Kim to come.
③ Did you remember to buy the butter?
④ The policeman ordered us to stop.
⑤ There is no bench to sit.

 ⑤ 앉을 의자가 없다는 뜻이므로 There is no bench to sit on이 되어야 한다.

09. 다음 글의 밑줄 부분과 뜻이 가장 가까운 것은?

You should <u>never fail to</u> follow Dr. Kim's medical advice.

① without success
② in all probability
③ as soon as possible
④ not at all
⑤ by all means

 당신은 <u>반드시</u> 김박사의 의학적 권고에 따라야 한다.
① 헛되이
② 십중팔구는, 아마
③ 가능한 한 빨리
④ 조금도 ~하지 않다.
⑤ 반드시

10. 다음 문장의 밑줄 친 단어와 같은 의미로 쓰인 것은?

> When the children go away, I shall miss their cheerful faces.

① He fired but missed.
② He missed his footing, and fell into the pond.
③ The missing papers were found under the desk.
④ She would miss her husband if he should die.
⑤ The house is at the next corner, you can't miss it.

 어린이가 떠날 땐, 나는 그들의 쾌활한 얼굴을 그리워하게 될 것이다.
① 그가 총을 발사했으나 빗맞았다.
② 그는 발을 헛디뎌서 연못에 빠졌다.
③ 누락된 서류는 책상 밑에서 발견되었다.
④ 그녀는 그녀의 남편이 죽는다면 그를 그리워할 것이다.
⑤ 그 집은 다음 골목에 있으니 찾을 수 있을 것이다.

11. 다음 문장의 밑줄 부분과 뜻이 같은 것은?

> I have nothing to do with the traffic accident.

① have no influence on
② don't take any responsibility for
③ don't have any idea of
④ pay no attention to
⑤ have no relation to

 나는 그 교통사고와 전혀 관계가 없다.
① ~에 아무런 영향을 미치지 못하다
② ~에 대해 전혀 책임을 지지 않다
③ ~에 대해 전혀 모르다
④ ~에 주의를 기울이지 않다

  10. ④ 11. ⑤

12. 다음 글의 빈 칸에 들어갈 알맞은 것은?

> On the whole women tend to love men for their character (   ) men tend to love women for their appearance.

① while
② otherwise
③ so
④ therefore
⑤ if

tend to~ : ~하는 경향이 있다. / while ~하지만, ~한 반면에

대체로 남성은 외모 때문에 여성을 사랑하는 반면, 여성은 성격 때문에 남성을 사랑하는 경향이 있다.

13. 다음 문장을 우리말로 옮긴 것 중 가장 옳은 것은?

> Not all food is good to eat.

① 모든 음식은 먹기에 좋지 않다.
② 모든 음식은 먹을 수 없다.
③ 어떤 음식이든지 다 먹기에 좋다.
④ 모든 음식이 다 먹기에 좋은 것은 아니다.
⑤ 모든 음식은 먹기에 나쁘지 않다.

부분부정 형식 : not… all(both, every, quite) 모두가 ~인 것은 아니다.

14. 다음 문장에서 밑줄 친 곳의 표현을 (   ) 안의 말로 바꾼 것이다. 잘못된 것은?

① He <u>finds fault with</u> everything I say and do.(=criticizes)
② I can't <u>make out</u> what you persist on.(=understand)
③ I regret that I used to <u>make fun of</u> the failure.(=ridicule)

정답 12. ①   13. ④   14. ④

④ His success is <u>out of the question</u>.(=certain)
⑤ I can't <u>put up with</u> his insolence.(=tolerate)

 ① 그는 내가 말하고 행하는 모든 것을 <u>비난한다</u>.(=criticizes)
② 나는 네가 주장하는 것을 <u>이해할</u> 수 없다.(=understand)
③ 나는 그 실패를 <u>조롱한</u> 것을 후회한다.(=ridicule)
④ 그의 성공은 <u>불가능하다</u>.(=impossible)
⑤ 나는 그의 무례를 <u>참을</u> 수 없다.(=tolerate)

15. 다음 (   ) 안에 들어갈 내용으로 알맞은 것은?

(   ) notice that our teacher had on his blue coat.

① Until then did not I   ② Did until then I not
③ Not did I until then   ④ Not until then did I
⑤ It is no till I

뜻을 강조하기 위해 부사구를 도치시킨 문장이다.
I did not know the fact until this morning.
=<u>Not until this morning</u> did I know the fact.
(오늘 아침에야 비로소 나는 그 사실을 알았다.)
not A till(=untill) B : B하고 나서야(되어서야) 비로소 A하다.
　=It is not till(=untill) B that+S+V~.
　=Not till(untill) B …V+S~.

 그때서야 비로소 나는 선생님께서 푸른 코트를 입고 계신 것을 알았다.

16. 다음 글을 읽고 주제가 되는 것을 고르면?

It is unlikely that many of us will be famous, or even remembered. But not less important than the brilliant few that lead a nation or a literature to fresh achievements, are the unknown many whose patient efforts prevent the world from running backward.

정답) 15. ④   16. ①

① The great role of the common people
② Most people seeking fame
③ The role of great leaders
④ The important of patience
⑤ Fresh achievements

> literature 문학 / patient 참을성 / prevent ~하는 것을 막다, 예방하다 / backword 거꾸로, 퇴보
> 본문 내용은 보통 사람들의 보이지 않는 훌륭한 역할에 대해 설파한 것이다.
>
> 우리들 중 대다수는 유명해지지도, 심지어는 기억조차 되지 않는다. 하지만 국가를 이끌어 가거나 문학적으로 성공한 소수의 뛰어난 사람들 못지않게 중요한 사람들은 세계가 퇴보하지 않도록 끈기 있게 노력하는 잘 알려지지 않은 다수이다.

17. 다음 우리말을 영어로 가장 잘 옮긴 것은?

> 인천은 서울에서 서쪽으로 약 30마일 떨어져 있다.

① Incheon is about thirty miles on the west of Seoul.
② Incheon is about thirty miles to the west of Seoul.
③ Incheon is about thirty miles in the west of Seoul.
④ Incheon lies about to the thirty miles west of Seoul.
⑤ Incheon lies about in the thirty miles Seoul of west.

> 전치사 to는 일반적으로 방향의 뜻을 나타낸다.

18. 다음 문장의 _____에 들어갈 알맞은 것은?

> Can you make yourself _____ in English?

① understand
② understanding
③ to understand
④ will understand
⑤ understood

정답 17. ② 18. ⑤

🎓 make oneself understood : 자기의 생각을 남에게 이해시키다

해석 당신은 영어로 의사소통이 됩니까?

19. 다음 밑줄 친 단어 중 잘못 쓰인 것은?

① It is five <u>below</u> zero today.
② This book is <u>above</u> me.
③ You have to put quality <u>before</u> quantity
④ His accusations are <u>beneath</u> notice.
⑤ The girl is endowed <u>by</u> very great gifts.

🎓 be endowed with~ : ~을 타고 나다.

해석 ① 오늘은 영하 5도이다.
② 이 책은 내게 벅차서 이해를 못하겠다.
③ 양보다 질을 중히 여겨야 한다.
④ 그의 죄는 알려지지 않았다.
⑤ 그 소녀는 훌륭한 재능을 타고 났다.

20. 다음 중 -al을 붙여 명사를 만들 수 없는 것은?

① dismiss   ② survive
③ deny   ④ bury
⑤ prove

🎓 ① dismiss 해고(면직)하다 / dismissal 해고, 면직
② survive 오래 살다 / survival 생존, 잔존
③ deny 부인(부정)하다 / denial 부인, 부정
④ bury 묻다 / burial 매장
⑤ prove 증명하다 / proof 증명, 증거

정답 19. ⑤ 20. ⑤

21. 다음 우리말을 영어로 옮긴 것 중 원래의 뜻에서 벗어난 것은?

① 그 점 명심하겠습니다. - It slipped my mind.
② 그는 누구에게도 뒤지지 않는다. - He is second to none.
③ 나는 음악과는 거리가 멀다. - Music is beyond me.
④ 놀리시는 겁니까? - Are you pulling my leg?
⑤ 그에게 박수를 보냅시다. - Let's give him a big hand.

① It slipped my mind는 "나는 그것을 잊어버렸습니다"의 뜻이다.

22. 다음 두 문장이 같아지도록 하려면 _____에 들어갈 알맞은 것은?

Even the slightest pain was too severe for him to bear.
= He could not _____ the slightest pain.

① be endurable   ② allow
③ stand   ④ be impatient
⑤ be unbearable

bear = stand = tolerate = endure = put up with : 견디다, 참다

해석 매우 가벼운 고통일지라도 그는 심해서 견딜 수 없었다.

23. 다음 각 문장의 밑줄 친 단어가 어법상 맞지 않은 것은?

① It's very kind <u>for</u> you to show me the way.
② What's <u>on</u> TV now?
③ The ice is too thin to walk <u>on</u>.
④ He bears a close resemblance <u>to</u> his father.
⑤ The driver's carelessness resulted <u>in</u> the accident.

정답 21. ① 22. ③ 23. ① 24. ⑤ 25. ①

기분, 감정, 정신상태 등을 나타내는 kind, clever, good, nice, foolish 등의 형용사 뒤에서는 부정사의 의미상의 주어를 쓸 때 of+목적어로 하여야 한다.

24. 다음 문장의 밑줄 친 부분과 가장 가까운 뜻을 지닌 것은?

It is needless to say that nothing is more important than to promote the development of foreign trade for independence of Korea.

① We must not say
② It is an important matter to say
③ It isn't foreign trade
④ We have to promote
⑤ It goes without saying

needless to say 말할 나위도 없이, 물론(= It goes without saying) / matter to ~에 문제가 되다 / foreign trade 외국무역, 무역과 / promote 홍보하다

한국의 자주를 위해서 국외무역의 개발을 고무시키는 것이 가장 중요함은 두말할 나위도 없다.

25. 다음 대화의 밑줄 친 곳에 들어갈 알맞은 것은?

A : It's been nice talking to you. I hope we can get together again soon.
B : _____ So long.

① So I am.
② So am I.
③ So do I.
④ So I do.
⑤ So I want.

'~도 또한 그러하다'의 의미를 나타낼 때는 'So + 조동사(do, be동사) + 주어'의 형태이다

26. 문장을 완성시키기 위하여 밑줄 친 곳에 들어갈 알맞은 것은?

> The animal's mouth is very large in comparison with his narrow throat. When he fills his mouth with food, he must chew for a very long time _____.

① before he can move
② before he can swallow
③ after he digests
④ after he breathes
⑤ before he falls asleep

> in comparison with : ~와 비교하여 / chew (음식을) 씹다 / swallow 삼키다 / digest 소화하다 / fall asleep 잠들다

> 동물의 입은 좁은 목구멍에 비해 매우 크다. 입에 음식물이 가득 차면 삼키기 전에 아주 오랫동안 씹어야만 한다.
> ① 움직이기 전에 ② 삼키기 전에 ③ 소화 후에 ④ 숨쉰 후에 ⑤ 잠들기 전에

27. 다음 대화의 밑줄 친 부분에 들어갈 내용으로 알맞은 것은?

> A : I'm much obliged to you.
> B : _____.

① You're welcome.
② That's too bad.
③ That sounds fine.
④ Thank you very much.
⑤ I am, too.

> 감사에 대한 응답으로 "천만에요."의 표현으로는 You're welcome. 또는 Not at all., Don't mention it이 있다.

> A : 대단히 감사합니다.
> B : _____.
> ① 천만에요.
> ② 그것 참 안됐군요.
> ③ 그거 근사하겠군요.
> ④ 대단히 감사합니다.
> ⑤ 나도 역시 그래.

26. ② 27. ①

28. Choose the word or set of words that best fits the meaning of the sentence as a whole.

> Although its publicity has been _____, the film itself is intelligent, well-acted, handsomely produced, and altogether _____.

① tasteless - respectable
② extensive - moderate
③ sophisticated - amateur
④ fine - crude
⑤ perfect - spectacular

 publicity 홍보 / handsomely 훌륭하게, 멋지게

 비록 그 선전은 품위가 없을지라도, 그 영화 자체는 지적이고, 연기도 뛰어나고, 제작도 훌륭하며 모든 것이 훌륭하다.
① 품위없는-훌륭한, 존경할 만한 ② 광대한-알맞은 ③ 복잡한-아마추어
④ 좋은-가공하지 않은 ⑤ 완전한-볼 만한

29. 다음 글을 읽고 빈자리에 들어갈 가장 알맞은 어구를 고르면?

> The history of civilization is bound very closely to the progress of agriculture. Farming tends to keep people from wandering ; thus, wherever the ground was cultivated _____.

① people needed plows
② farmers fell short of food
③ foods were abundant
④ villages turned up
⑤ people gained their ends

 문명의 역사는 농업의 발전과 매우 밀접하게 관련된다. 농사는 유랑하는 사람들을 정착케 하는 경향이 있어 토지가 경작된 곳이면 어느 곳이든 마을이 나타났다.
① 사람들은 농기구를 필요로 했다.
② 농부들은 식량이 부족했다.
③ 식량은 풍부했다.
④ 마을이 나타났다.
⑤ 사람들은 그들의 목적을 달성했다.

정답 28. ① 29. ④

30. 다음 글이 강조하는 것은?

> Do not let yourself discouraged by the smallness of the success that you are likely to achieve in trying to make life better. You certainly will not be able, in a single generation, to create an earthly paradise. Who could expectthat? But if you make life ever so little better, you will have done splendidly, your lives will have been worthwhile.

① 성공의 보장
② 성공을 위한 인내심
③ 실패에 따르는 성공
④ 작은 성공의 가치
⑤ 성공과 실패의 조건

    discourage 낙담시키다, 용기를 잃게 하다 / splendidly 눈부시게, 화려하게, 훌륭하게 / worhwhile ~할 가치가 있는, 시간을 들일만한 / be likely to ~을 할 것 같은, ~듯한

    여러분이 삶을 보다 윤택하게 하려고 애쓰는 가운데 성취할 수 있는 보잘 것 없는 (smallness) 성공 때문에 의기소침하지 말아라. 여러분이 단 한 세대를 통하여 지구상의 파라다이스를 만들어내는 것은 도저히 불가능하다. 또 누가 그것을 기대할 수 있겠는가? 그러나 여러분이 인생을 조금만이라도 더 낫게 만들 수 있다면 여러분은 훌륭하게 성공을 이룩한 것이 되며, 여러분의 삶은 가치있는 것이 될 것이다.

31. Fill in the blank with a suitable expression.

> (   ) notice that our teacher had on his blue coat.

① Until than did not I
② Did until then I not
③ Not did I until then
④ Not until then did I
⑤ Not then until did I

    문장의 주 요소의 배열순서는 원칙적으로 〈주어+동사+목적어+보어〉의 순서이지만, 의문문이나 감탄문은 물론 그 외에 어조를 고친다든가, 어세를 강조하기 위하여 그 순서를 바꾸는 일이 있는데, 이를 도치(Inversion)라고 한다.

    그 때서야 비로소 나는 선생님께서 푸른 코트를 입고 계신 것을 알았다.

 30. ④ 31. ④

32. Choose the correct one that has the same meaning as the underlined part.

"My car, such as it is, is at your disposal."

① as it is very useful
② such being the case
③ without any changes
④ even if it is good
⑤ poor though it is

 such as it is : 이렇게 보잘 것 없는 것이지만, 변변치는 못하지만(=poor though it is)

 제 차는, 변변치는 못하지만, 당신 마음대로 하십시오.
① 그것이 매우 유용한 것처럼
② 이러한(그러한) 까닭으로 해서, 이렇기 때문에
③ 아무런 변화 없이
④ 비록 그것이 훌륭할지라도
⑤ 변변치는 못하지만

33. Choose the correct one.

I don't think Mary will sing the song, _____?

① doesn't she
② won't she
③ will she
④ did I
⑤ do I

Mary 이하의 이야기가 초점이 되므로 부가의문은 won't she로 해야 한다.
화자가 자기의 주장에 대해 확신을 가질 때는 부가의문은 쓰지 않는다.
I know that it isn't very important, is it? (×)
I don't know that it's very important, is it? (○)

Think, believe, suppose, expect, imagine, guess, seem, appear, figure(=think) 등의 경우는 that 절의 내용을 강하게 하기 위하여 부가의문을 쓸 수 있다.
I think this car needs a tune-up, doesn't it?
(이 차는 엔진 조정을 할 필요가 있을 것 같지요?)

 나는 Mary가 노래를 부를 것이라고 생각하지 않는다. 그렇지 않아?

정답 32. ⑤ 33. ②

34. Choose the word which has the same meaning as the following sentence.

> Events in the past, such as those of a nation, arranged in order from the earlier to the later.

① politics
② history
③ achievements
④ heredity
⑤ tradition

해석 과거의 사건들이, 한 국가의 그러한 사건들이, 초기부터 후기까지 차례로 정렬되어 있다.
① 정치학 ② 역사 ③ 업적·성취 ④ 형질·유전 ⑤ 전통

35. 다음 글에서 밑줄 친 부분이 나타내는 것은?

> It is chiefly through books that we enjoy intercourse with superior minds, and <u>these invaluable means of communication</u> are in the reach of all. In the best books, great men talk to us, give us their most precious thoughts, and pour their souls into ours.

① books
② superior minds
③ great man
④ most precious thoughts
⑤ their souls

chiefly 주로 / intercourse 교류, 교제 / superior 우수한 / invaluable 매우 유용한, 귀중한 / precious 귀중한, 값비싼 / pour 따르다, 쏟아붓다
It is ~ minds는 It is ~ that의 강조구문으로 chiefly through books를 강조한다.

해석 우리가 보다 우수한 지성들과 교제를 나누는 것은 주로 책을 통해서이며, 이러한 값을 <u>매길 수 없는 교제의 수단</u>은 모든 사람들의 손이 닿는 범위 내에 존재한다. 그러한 최고의 책 속에서 위대한 사람들은 우리에게 얘기해 주며, 그들의 가장 값진 사상을 우리에게 전해 주며 그리고 그들의 정신을 우리의 정신에 쏟아 주고 있는 것이다.

정답 34. ② 35. ①

36. Fill in the blank with a suitable word.

> His latest novel leaves no room for criticism.
> = His latest novel is (　　　) criticism.

① against
② beyond
③ below
④ about
⑤ for

🎓 criticism 비평, 비난 / room이 여유, 여지의 뜻으로 쓰였다. / no room fo ~의 여지가 없다.

해석 그의 최근의 소설은 비평의 여지가 없다.

37. 다음 _____ 에 들어갈 가장 알맞은 단어는?

> Good health is not the same thing as great physical strength. A very healthy girl may be unable to carry even a small trunk for any distance. Although her health may be perfect, a girl may not have well developed _____.

① muscles
② brain
③ emotion
④ bravery
⑤ heart

🎓 strength 힘, 용기 / distance 거리, 먼 곳

해석 건강이 좋다는 것이 육체적으로 강하다는 것과는 같지 않다. 어떤 매우 건강한 소녀는 아주 작은 가방을 어떤 거리까지 운반하지 못할런지도 모른다. 비록 소녀의 건강이 완전한 것일지라도 근육은 완전히 발달된 것이 아닐지도 모른다.
① 근육 ② 두뇌 ③ 정서 ④ 용기 ⑤ 심장·가슴

정답 36. ② 37. ①

38. Choose the correct one.

> A : I'm afraid my arm is broken.
> B : Oh! I _____.

① hope not
② hope so
③ do not hoep
④ do not hope so
⑤ do so

 hope, be afraid [또는 fear], think 다음에 not이 오면, 앞의 문장의 내용을 부정으로 받는 문장 대용어 not이다. 즉, 「I hope not ~ = I hope that it is not so.」이다.

 A : 내 팔이 부러지지 않았나 걱정이야.
 B : 오! <u>부러지지 않았으면 좋으련만</u>.

39. 다음 두 문장의 의미가 같도록 할 때 밑줄 친 곳에 들어갈 표현은?

> I regret that I did not work harder.
> = I regret _____ harder.

① not to work
② not to have worked
③ not working
④ not having worked
⑤ having not worked

 여기에서는 열심히 일하지 않았던 과거의 사실을 후회하고 있음에 유의하여야 하며 이처럼 to 부정사와 동명사를 사용했을 때 의미가 바뀌는 것에는 forget + ~ing(과거의 뜻) forget + to 부정사(미래의 뜻) 등이 있다.
regret + ~ing : 〈과거의 뜻〉 ~한 것, ~했던 것
regret + to + 원형동사 : 〈과거의 뜻〉 ~할 것

 나는 열심히 일하지 않았던 것을 후회한다.

40. 다음 문장의 밑줄 친 단어와 바꾸어 쓸 수 있는 것은?

> I believe he has made a mistake <u>on purpose</u>.

① accidentally
② occasionally
③ positively
④ thoughtlessly
⑤ intentionally

 on purpose = intentionally = purposely : 일부러, 고의로
① 우연하게 ② 때때로, 이따금 ③ 확실히, 절대적으로 ④ 경솔하게, 불친절하게

나는 그가 <u>일부러</u> 실수했다고 믿는다.

제 12회 적중예상문제

01. 다음 밑줄 친 부분 중 어법상 가장 옳지 않은 것은?

> It is generally the idle ① <u>who complains</u> they cannot find time ② <u>to do that which</u> they fancy they wish. In truth, people can generally make time for ③ <u>what</u> they choose to do: it is not really the time ④ <u>but the will</u> ⑤ <u>that is wanting</u>.

① who의 선행사는 the idle이며 'the+형용사' 형으로 '~사람들'의 의미로 단수가 아닌 복수이므로 complains가 아닌 complain으로 하여야 옳다.

자기가 바란다고 생각하는 것을 할 시간적 여유가 없다고 불평하는 사람은 대개 게으른 사람들이다. 사실 사람들은 자기가 하려하는 것을 위해 시간을 낼 수 있다. 부족한 것은 실제로 시간이 아니라 하려는 의지다.

02. 다음 중 밑줄 친 곳에 should를 넣을 수 없는 문장은?

① It was afraid that he _____ miss the train.
② Let's hurry lest we _____ miss the train.
③ I demand that the plan _____ put into practice.
④ It is a pity that he _____ waste his time idly.
⑤ I _____ have done it, but I didn't have time.

It is(strange, sorry, a pity ……) + that …… should 등의 감정적 판단과 It is good(necessary, possible ……) + that …… should 등의 이성적 판단 및 lest ~ should ~ (~하지 않도록 = for fear that ~ should ; so that ~ may not) 등에는 should를 사용할 수 있다.
①의 경우, 「he was afraid that he <u>would</u> miss the train.」으로 해야 한다.

정답 01. ① 02. ①

⑤의 경우, should + 완료형(have + p.p)는 모든 인칭에 써서 의무나 필요상 「~했어야 했는데……」라는 뜻으로 하지 못한 것에 대한 유감의 뜻을 나타낸다.

03. 다음 글의 밑줄 친 곳에 들어갈 가장 적당한 것은?

> It was very _____ of you to help him with the work.

① considerate
② considering
③ considered
④ considerable
⑤ considerably

추상명사 + itself = all + 추상명사 = very + 형용사

그의 일을 돕다니 너는 참 마음씨가 좋구나.
① 이해성(동정심)이 많은, 마음씨 좋은
② 「~을 고려하면」
③ 깊이 생각한, 존경받는, 중히 여겨진
④ 중요한, 적지 않은
⑤ 상당히, 꽤

04. Complete the sentence.

> Early man used to ( ) the sun, moon, trees, and stones as his gods.

① teach
② admire
③ respect
④ preach
⑤ worship

used to는 「과거의 습관」을 나타내는 조동사로서 would에 비하여 계속적이고 규칙적인 습관을 나타낸다. be used to + (동)명사(~에 익숙하다)와 혼동하지 말아야 한다.

초기에 인류는 태양, 달, 나무 그리고 돌 같은 것들을 그들의 신으로 숭배하곤 했다.

제 12 회 적중예상문제

05. 다음 글 중에서 어법상 어색한 곳은?

The essence of the problem ① <u>is that</u> despite the dreadful conditions ② <u>that</u> urban squatters face, their numbers are growing at rates ③ <u>as much as twice</u> those of the cities themselves and every step ④ <u>taking</u> to improve living conditions in the slums ⑤ <u>only attracts</u> more migrants.

> essence 본질 / despite ~에도 불구하고 / dreadful 무시무시한 / squatter 불법거주자 / attract 끌어당기다 / migrant 이주자
> ④ take가 타동사인데 목적어가 없고 이를 수식받는 명사 every step과의 관계가 수동이므로 taking이 아닌 과거분사 taken이 와야 옳다.

> 그 문제의 본질은 도시의 불법거주자들이 직면한 끔찍한 상황에도 불구하고 그들의 숫자가 도시 자체의 숫자에 두 배만큼의 속도로 증가하고 있다는 것이며 빈민가의 생활 여건 향상을 위해 취해지는 모든 조치들이 더 많은 사람들을 끌어들이고 있다는 것이다.

06. Which sentence is correct?

① It is they who should be pleased, not us.
② Them books belong to us.
③ Her and her friends taught me English.
④ Except for him and me, everyone was on time.
⑤ John and me gave her many things to play with.

> ② books가 주어이므로 them → these, those
> ③ 주어는 그녀와 그녀의 친구들이므로 Her → She
> ④ 문장이 도치되었으므로 everyone was → was everyone
> ⑤ 존과 내가 주어이므로 me → I

07. Which is the same meaning with the underlined part?

Long ago men spent most of their time <u>looking for</u> food.

 05. ④ 06. ① 07. ⑤

① expecting　　　　　② waiting
③ anticipating　　　　④ looking after
⑤ searching for

　　look for : ~을 찾다, 구하다(= search for)

　　오래 전에 인류는 대부분의 시간을 식량을 <u>구하는 데</u> 낭비했다.

08. 다음 (　)에 들어갈 낱말이 나머지 넷과 다른 하나는?

① He passed (　) a learned man.
② You must make up (　) the loss.
③ He substituted magarine (　) butter.
④ We all anxious (　) peace.
⑤ He presented a gift (　) me.

　　① pass for : ~으로 통하다, ~으로 간주되다.
　　② make up for = compensate for : ~을 보상하다
　　③ substitute A for B = replace B with A : B 대신에 A를 쓰다.
　　④ be anxious for : ~을 갈망하다.
　　⑤ present + (사물) + to + (사람) = present + (사람) + with + (사물)

　　① 그는 박식한 사람으로 간주되었다.
　　② 너는 손실을 보상해야만 한다.
　　③ 그는 버터 대신에 마가린을 썼다.
　　④ 우리 모두는 평화를 갈망하다
　　⑤ 그는 나에게 선물을 선사했다.

09. 다음 글의 빈 칸에 들어갈 가장 알맞은 것은?

Lighthouses are built on dangerous rocks in the sea. Lanterns in these houses throw light over the dark water to help sailors _____.

① judge how high the waves are

 08. ⑤　09. ⑤

② read their maps on dark nights
③ regulate their speed
④ gain frest hope
⑤ keep their ships from being wrecked

 등대는 바다의 위험스러운 암석 위에 세워진다. 등대의 등실은 항해자들이 <u>그들의 배가 좌초되지 않도록 하는 데</u> 도움을 주기 위하여 어두운 밤바다를 비춰준다.
① 파도의 높이가 얼마나 되는지를 판단하는 데
② 어둠 속에서 지도를 읽는 데
③ 일정한 항속을 위하여
④ 새로운 희망을 얻을 수 있도록
⑤ 그들의 배가 좌초되지 않도록 하는 데

10. 다음 A와 B의 대화에서 B의 대답으로 적절하지 못한 것은?

① A : Can I speak to Mr. Kim please?
　B : This is he.
② A : I'm afraid he is sick.
　B : I hope not.
③ A : Another cup of tea?
　B : No, thanks. I've had enough.
④ A : Let's go to the movies.
　B : Yes, that's right.
⑤ A : would you mind opening the door?
　B : Of course not.

Let's~로 시작하는 권유의 명령문의 경우에는 Yes, No로 대답할 수 없다.
ex) A : Let's go to the movies.(영화보러 갈까?)
　　B : That's a good idea. (그거 좋은 생각이군.)
　　　That sounds good. (그거 좋지.) → 긍정
　　　I'm afraid I can't. (갈 수 없을 것 같애.) → 부정

① A : 김선생 좀 바꿔 주세요.
　B : 접니다.
② A : 그는 아픈 것 같아.
　B : 그러지 않았으면 좋겠는데.

 10. ④

③ A : 차 한 잔 더 드시겠어요?
　　B : 아니, 됐습니다. 많이 마셨습니다.
⑤ A : 문 좀 열어도 될까요?
　　B : 네, 좋습니다.

11. 다음 대화의 빈 칸에 들어갈 가장 알맞은 것은?

> A : Excuse me, sir. _____.
> B : I'm sorry, but I'm a stranger here.

① What is this?
② Where is here?
③ What place is this?
④ Where am I?
⑤ Where place is here?

🎓 "여기가 어디입니까?"라고 할 때는 "Where am I?"으로 나타낸다.

해석　A : 실례합니다만, 여기가 어디죠?
　　　B : 죄송합니다만, 저도 초행입니다.

12. 다음 글의 밑줄 친 곳에 들어갈 가장 알맞은 것은?

> Today the average man enjoys conveniences which, a century ago, were not available to even the wealthiest, because these things had not yet been _____.

① solved
② said
③ invented
④ educated
⑤ repaired

🎓 conveniences (편리한) 설비, 문명의 이기들 / available 이용할 수 있는, 이용 가능한 / solve 해결하다 / invent 발명하다 / repair 수리하다

오늘날 보통 사람은 문명의 이기들을 향유하고 있는데, 이러한 것들은 1세기 전에는 아직 발명되지 않았기 때문에 부자들조차도 이용할 수 없었다.

13. 다음 밑줄 친 단어가 주어진 글의 경우와 같은 뜻으로 쓰인 것은?

> I gave my father an account of the game.

① You may as well have an account with the bank.
② On no account you should enter the classroom.
③ On account of your ignorance you made a mistake.
④ This is an incorrect account of the matter.
⑤ I did it on your account.

> on no account 결코 ~않다. / on account of ~ 때문에 / on one's account ~를 위하여 / igmorance 무지, 무식 / incorrect 사실이 아닌, 부정확한

 나는 아버지에게 그 경기에 대해 이야기(설명)했다.
① 당신은 은행과 거래하는 편이 낫다.
② 결코 당신은 그 교실에 들어가서는 안 된다.
③ 당신의 무지 때문에 당신은 실수를 저질렀다.
④ 이것은 그 문제에 대한 정확하지 못한 설명이다.
⑤ 나는 당신을 위하여 그것을 했다.

14. 다음 문장의 밑줄 친 부분과 뜻이 같은 것은?

> Day and night take turns everyday.

① decline ② perform
③ reverse ④ alternate
⑤ overtake

정답 13. ④ 14. ④

take turns = alternate 서로 교대하다, 엇갈려 나타나다. / decline 감소하다, 거절하다 / perform 행하다 / reverse 반전시키다 / alternate 번갈아 생기는 / overtake 추월하다, 불시에

해석 낮과 밤은 매일 번갈아 온다.

15. Choose the one that has the same meaning as the underlined part.

The Third Plan calls for more vigorous buildup of heavy industries.

① demands ② cancels
③ compensates ④ puts off
⑤ visits

 call for = demand ~을 요구하다. / vigorous 활발한, 활기찬 / buildup 조립, 준비, 강하 / demand 요구 / compensates 보상하다 / put off ~와 만남을 취소하다

해석 제3세계 플랜은 중공업의 보다 강력한 확립을 요구한다.

16. 다음 단어의 뜻이 대립되지 않는 것으로 짝지어진 것은?

① press – impress ② delicious – nasty
③ improve – worsen ④ descendant – ancestor
⑤ conservative – progressive

해석 ① 누르다 – 감명을 주다
② 맛있는 – 맛없는
③ 개량하다 – 악화시키다
④ 자손 – 선조
⑤ 보수적인 – 적극적인

정답 15. ① 16. ①

17. 다음 밑줄 친 곳에 들어갈 알맞은 것은?

Astronomer study the stars through a _____.

① telescope   ② microscope
③ periscope   ④ magnifier
⑤ glasses

해석   천문학자는 망원경을 통하여 별을 연구한다.
① 망원경 ② 현미경 ③ 잠망경 ④ 확대경 ⑤ 안경

18. Choose the suitable one in correspondence with the underlined part.

The most important thing is to think and plan <u>in terms of</u> a permanent peace.

① for the sake of   ② within the scope of
③ as soon as possible   ④ from the standpoint of
⑤ stand by

in terms of ~의 말로, ~에 의하여, ~의 견지(관점)에서, ~의 점에서 / permanent 영구적인

해석   가장 중요한 점은 영구적 평화의 관점에서 생각하고 계획을 세우는 것이다.
① ~ 때문에, ~를 위해서
② ~의 범위 내에서
③ 되도록 빨리
④ ~견지에서, ~의 관점에서
⑤ 가만히 있다, 대기하다

19. Choose the correct word.

A child of one's uncle or aunt is called a _____.

정답   17. ①   18. ④   19. ⑤

① son ② grandchild
③ nephew ④ niece
⑤ cousin

③ nephew 남자조카 ④ niece 여자조카 ⑤ cousin 사촌

20. Choose a suitable one for the blank.

> It was very _____ of him to followed my advice.

① sensitive ② sensible
③ sensual ④ sensuous
⑤ sensational

① 민감한, 예민한 ② 분별 있는, 현명한 ③ 관능적인, 호색의 ④ 감각적인, 심미적인 ⑤ 선풍적 인기의

21. 다음 중 어법상 가장 어색한 것을 고르면?

① You as well as he are wrong.
② A needle and thread was found on the floor.
③ The news were received throughout Korea with profound grief.
④ It is you who are to blame for it.
⑤ Both of us were very tired.

③ news는 단수 취급을 하여야 하므로 were가 아닌 was로 하여야 옳다.

① 그뿐만 아니라 너도 잘못이다.
② 바늘과 실이 바닥에서 발견되었다.
③ 그 소식이 깊은 슬픔과 더불어 한국에 전해졌다.
④ 그것에 책임 있는 사람은 바로 너다.
⑤ 우리 둘 다 매우 피곤했다.

 20. ② 21. ③

22. 다음 _____에 들어갈 가장 적합한 단어는?

If you have no concern for the newspapers, You'll never know what's going _____ in our country.

① on
② through
③ with
④ without
⑤ by

① go on : 계속해 나아가다, 진행가다, 살아가다
② go through : ~을 경험하다
③ go with : ~와 동행하다, ~에 따르다
④ go without : ~없이 때우다(지내다)
⑤ go by : 경과하다, ~에 의거하다

해석 신문에 관심을 가지지 않으면, 당신은 우리나라에서 무슨 일이 진행되고 있는지 모를 것이다.

23. Choose the one that best completes the following sentence.

It _____ no difference to me which side may win or lose.

① has
② does
③ takes
④ gives
⑤ makes

make no difference = be unimportant 차이가 없다, 차별을 않다.

해석 어느 쪽이 이기고 지든 내게는 별로 중요하지 않다.

정답 22. ① 23. ⑤

24. Choose a wrong expression in phoning.

① Who's calling, please?
② He's on another line. Hold on, please.
③ Mr. Smith, you are wanted on the phone.
④ I'm Kim speaking.
⑤ The line is busy.

 ④ I'm Kim speaking. → (This is) Kim speaking. 전화 통화에서 '저는 (홍길동)입니다.'라는 표현에서는 'I'를 사용하지 않고 'This'를 쓰며 뒤에 speaking을 붙여 말한다.

 ① 누구신가요?
② 지금 다른 전화를 받고 계십니다. 잠깐만 기다리세요.
③ 스미스씨, 전화왔습니다.
⑤ 통화 중입니다.

25. 다음 대화의 빈 칸에 들어갈 알맞은 것은?

A : How's your mother?
B : She's fine, thanks.
C : _____ me to her.

① Remind   ② Introduce
③ Take   ④ Make
⑤ Remember

 "~에게 안부를 전하다"의 표현으로는 다음과 같은 것들이 있다.
ex) Please(remember me to, give my regards to, give my best wishes to, say hello to) your mother.(자네 어머니께 안부 좀 전해주게).

 A : 자네 어머니는 안녕하신가?
B : 안녕하시네, 고맙네.
A : 자네 어머니께 <u>안부 좀 전해주게</u>.

제 12 회 적중예상문제

26. 다음 문장의 밑줄 친 부분과 바꾸어 쓸 수 있는 어구는?

> His boss <u>called him down</u> for coming late to work.

① telephoned him ② pardoned him
③ scolded him ④ invited him
⑤ sent him

 call down = scold : ~을 꾸짖다, 야단치다
① 전화했다 ② 사면했다
③ 꾸짖었다 ④ 방문했다
⑤ 보냈다

해석 그의 상사는 일에 늦게 왔다고 그를 꾸짖었다.

27. 다음 글의 밑줄 친 곳에 들어갈 가장 적당한 것은?

> We may study forever, and we are never as learned as would.
> Where we have discovered a continent, or crossed a chain of mountains, it is only to find another ocean or another plain _____.

① to our discouragement ② beyond the ocean
③ contrary to our expectation ④ upon the farther side
⑤ against our will

 continent 대륙 / discouragement 좌절, 낙심 / beyond the ocean 바다 너머 / expectation 기대, 예상

 우리는 영원히 배워야 할지 모르며, 우리가 배우고자 해도 가르침을 받지 못 할런지 모른다. 어떤 대륙을 발견했거나, 산맥을 계속 넘고 나도 또 다른 대양이나 초원이 저 멀리에 있다는 것만을 알게 될 뿐이다.

 26. ③ 27. ④

28. 다음 문장의 밑줄 친 곳에 들어갈 가장 적당한 것은?

I saw them _____ our of the gate.

① to go　　　　　　　② went
③ gone　　　　　　　④ to have gone
⑤ go

 지각동사는 원형부정사를 취한다.

29. 다음 중 어법상 올바르게 쓰인 것은?

① An officer with three soldiers are coming here.
② A pink and white carnation is put in a little vase.
③ A total of 600 Koreans live in this country.
④ Setting fires to public buildings are dangerous.
⑤ Trial and error are the source of our knowledge.

① 주어가 an officer이므로 are가 아닌 is로 하여야 한다.
② 관사 A and B의 형은 동일물을 나타내는 것으로 단수취급을 하므로 옳다.
③ 주어가 a total of로 되어 있는 경우 단수취급을 하여 live가 아닌 lives로 하여야 한다.
④ 주어일 동명사일 때에는 단수가 된다. 주어가 동명사 setting이므로 are가 아닌 is로 하여야 옳다.
⑤ trial and error는 '시행착오'의 의미로 단일개념으로 단수 취급한다. are가 아닌 is로 하여야 한다.

① 세 명의 병사와 한 명의 장교가 이리로 오고 있다.
② 분홍색과 흰색이 섞여 있는 카네이션 한 송이가 작은 꽃 병속에 들어 있다.
③ 총 600명의 한국인이 이 나라에서 산다.
④ 공공건물에 방화를 하는 것은 위험하다.
⑤ 시행착오는 우리 지식의 원천이다.

28. ⑤　29. ②

30. 다음 내용을 읽고 밑줄 친 부분에 들어갈 내용으로 알맞은 것은?

> His lifelong ambition had been to become a famous surgeon, and at last, his desire had reached its _____.

① recovery   ② destruction
③ exhaustion   ④ disaster
⑤ fulfillment

　　at last 드디어, 마침내

　　그의 일생의 야망은 유명한 외과의사가 되는 것이었는데, 드디어 그의 욕망이 성취되었다.
　　① 회복 ② 파괴 ③ 소모·고갈 ④ 재난 ⑤ 성취·실현

31. 다음 문장의 밑줄 친 곳에 들어갈 가장 적당한 표현은?

> That sounds rather strange, _____?

① isn't it   ② don't you
③ doesn't it   ④ does it
⑤ hasn't it

　　부가의문문, sound는 does로 받아 doesn't, that은 it으로 받는다.

32. 다음 (   ) 안에 들어갈 알맞은 말은?

> But that I (   ) poor, I could buy the house.

① had been   ② were not
③ had not been   ④ were

정답 30. ⑤ 31. ③ 32. ⑤

⑤ am

> 가정법현재는 조건절에 원형이나 현재형동사를 사용한다.

33. 다음 A, B 두 사람의 대화 중 빈 칸에 들어갈 알맞은 것은?

> A : Hello, this is Tom speaking. Is Mary in?
> B : Sorry, she's out. May I have your _____ for her?

① word ② order
③ request ④ suggestion
⑤ message

> 전화 대화에서 "전하실 말씀 있습니까?"의 표현으로는 다음의 세 가지가 일반적으로 쓰인다.
> ┌ May I take your message?   ┐
> │ Will you leave a message?   │ "전하실 말씀 있습니까?"
> └ Would you like to leave a message? ┘

해석 A : 여보세요, 저 Tom인데요 Mary 있습니까?
B : 미안합니다만, 그녀는 나갔는데요. 무슨 전하실 말씀 있으십니까?

34. 다음 _____에 들어갈 가장 알맞은 것은?

> Elephants are sociable creatures. They never leave their herds unless they are sent away by the other elephants because of bad behavior. Big-game hunters rarely see an elephant _____.

① alive ② dead
③ alone ④ crying
⑤ angry

정답 33. ⑤ 34. ③

sociable 사교적인 / creature 사람, 동물, 생물 / behavior 행동, 습성 / rarely = hardly = scarcely 좀처럼 ~하지 않는, 거의 ~하지 않는

코끼리는 사교적인 동물이다. 그들은 나쁜 습관 때문에 다른 코끼리에게서 따돌림만 당하지 않는다면 그들의 무리를 떠나지 않는다. 큰 동물 사냥꾼들은 좀처럼 <u>혼자 있는</u> 코끼리를 보지 못한다.

35. 다음 글을 읽고 _____ 에 들어갈 가장 알맞은 것을 고르시오.

We are no more responsible for the evil thoughts which pass through our minds, than a scarecrow for the birds which fly over the seed-plot he has to guard ; the sole responsibility in each case is to prevent them from _____ .

① flying ② settling
③ passing ④ doing
⑤ thinking

A is no more B than C is D : A가 B가 아닌 것은 C가 D가 아닌 것과 같다
settle 자리잡다, 정착하다

우리가 우리의 마음을 스쳐 지나가는 나쁜 생각들에 대해 책임이 없는 것은, 허수아비가 그가 지켜야만 하는 모판 위를 나는 새들에 대해 책임이 없는 것과 같다. 각각의 경우에서 유일하게 책임으로 되는 것은 그것들이(나쁜 생각들이) <u>자리 잡지 못하게 하는 것이다.</u>

※ 다음 내용을 읽고 _____ 에 들어갈 가장 알맞은 것을 고르시오. (36~38)

36.
No. I don't believe it! You are pulling my _____!

① leg ② arm
③ shoulder ④ hair
⑤ knee

정답 35. ② 36. ⑤

pull one's leg : ~을 놀리다, 골리다

 난 그것을 믿지 않아. 넌 나를 놀리고 있어!

37.

Soccer games are played in spite of rain or snow. During World War II, they were often played in spite of attacks from the air. In England, a few years ago, 34 people were killed and 500 were hurt when a crowd tried to find seats in a full stadium. But the game _____.

① continued
② was postponed
③ was discontinued
④ was called off
⑤ delayed

hurt 아프게 하다, 다치게 하다 / continue = go on 계속되다

 비가 오거나 눈이 와도 축구경기는 한다. 제2차 세계대전 중 공습이 있었는데도 불구하고 축구경기는 가끔 열렸다. 영국에서 몇 년 전에 꽉 찬 경기장에서 관중들이 자리를 잡으려고 할 때 34명이 죽고 500명이 부상을 입었다. 그러나 경기는 <u>계속되었다</u>.

38.

We of today also like beautiful things. We make our building and parks as beautiful as we can. We like streamlined automobiles partly because they seem to us _____.

① strong and enduring
② cheap and useful
③ fast and easy to drive
④ up to date
⑤ graceful and beautiful

streamline 간소하게 하다, 유선형으로 하다 / enduring 오래가는 / cheap 값싼, 돈이 적게 드는

 37. ① 38. ⑤

해석 오늘날의 우리들은 또한 아름다운 것들을 좋아한다. 우리는 될 수 있는 한 아름답게 건물과 공원을 만든다. 우리는 부분적인 이유이지만 유선형 자동차가 우리들에게 우아하고 아름답게 보이기 때문에 유선형 자동차를 좋아한다.

39. 'Would you mind my smoking here?"의 대답으로 승낙의 뜻을 나타내지 않는 것은?

① Yes, I would
② No, I wouldn't
③ Of course not
④ Certainly not
⑤ Not at all

mind는 흔히 부정문·의문문·조건문에서 "싫어하다, 귀찮게 여기다"의 뜻으로 쓰이므로 "Would you mind my smoking here?"를 직역하면 "내가 여기서 담배를 피우는 것을 당신은 싫어합니까?(= 여기서 담배 피워도 괜찮겠습니까?)"의 뜻이 된다. 따라서 Yes, I would로 대답하면 "예, 담배피우는 것을 싫어합니다."는 '피우지 말라'는 뜻이 되어 버린다. 그러므로 Would (Do) you mind~?에 대한 응답으로 "예, 괜찮습니다."의 뜻을 표시할 때는 ②, ③, ④, ⑤ 처럼 "아니오, 싫어하지 않습니다."와 같은 부정으로 대답해야 한다.

40. Choose the right one on the line.

A : _____.
B : It's well over eight million.
A : Quite a city.

① How is Seoul?
② How much population is there in Seoul?
③ Does Seoul have much population?
④ What does Seoul's population?
⑤ What is the population of Seoul?

  39. ① 40. ⑤

ex) What is the population of Seoul?(서울의 인구는 얼마나 되지요?)
= How many people are there in Seoul?

A : 서울의 인구는 얼마나 되지요?
B : 약 800만명이 넘을 거야.
A : 대단하구나.

제 13회 적중예상문제

01. 다음 중 문장 전환이 잘못된 것을 고르면?

① It is no use solving this problem.
  → There is no use in solving this problem.
② There is no solving this problem.
  → We can't solve this problem.
③ It goes without saying that honesty is the best policy.
  → It is a matter of course that honesty is the best policy.
④ What do you say to going to the concert?
  → Let's go to the concert, shall we?
⑤ This problem is worth solving.
  → It is worth while to solving this problem.

① 이 문제를 풀어도 소용없다.
  It is no use solving ~ = It is of no use to solve ~ = It is useless to solve ~
  = There is no use (in) solving~
② 이 문제를 풀 수 없다.
  There is no solving ~ = It is impossible to solve ~ = We can't solve~
③ 정직이 최상의 정책임은 말할 필요도 없다.
  It goes without saying that ~ = It is needless to say that ~ = It is a matter
  of course that~
④ 연주회에 가지 않으시렵니까?
  Let's go ~ = What do you say to going ~ = What do you think about going~
⑤ 이 문제는 풀 가치가 있다.
  be worth ~ing = It is worth while to + 동사의 원형

02. 다음 중 밑줄 친 곳의 뜻과 틀린 것은?

① I don't know how to <u>account for</u> it.(= explain)

정답 01. ⑤ 02. ④

② He was brought up by his aunt. (= rear, educate)
③ I came across an old friend. (= happen to meet)
④ He takes after his mother. (= take care of)
⑤ I could not make out what he said. (= understand)

해석 ① 나는 그것을 어떻게 설명해야 할지 모르겠다.(=explain)
② 그는 숙모에 의해 양육되었다.(=rear, educate)
③ 나는 우연히 옛 친구를 만났다.(=happen to meet)
④ 그는 그의 어머니를 닮았다.(=resemble)
⑤ 나는 그가 말한 것을 이해할 수 없었다.(=understand)

03. 다음 글의 밑줄 친 부분과 가장 가까운 뜻을 가진 단어는?

Many people have pointed out harmful effects that a working mother may have on family, yet there are many salutary effects as well.

① well-known
② hurtful
③ conspicuous
④ beneficial
⑤ rude

salutary 유익한, 이로운 / conspicuous 눈에 띄는, 특징적인 / rude 무례한
yet을 전후해서 대조를 이루고 있으므로 harmful과 반대되는 뜻을 지닌 단어를 찾아야 한다.

해석 많은 사람들은 직장생활을 하는 어머니가 가족에게 미치는 악영향을 지적해 왔지만 거기에는 이로운 점들 또한 많다.

04. 다음 내용의 밑줄 친 곳에 가장 알맞은 단어는?

Time is more general than space, because it applies to the inner world of impressions, emotions, and ideas for which no _____ order can be given.

정답 03. ④ 04. ③

① natural ② causal
③ spatial ④ temporal
⑤ special

> spatial 공간적인 / temporal 속세의, 현세적인

> 시간은 공간보다 더 총체적이다(넓다). 왜냐하면 시간은 어떠한 공간적 질서도 제시할 수 없는 인상, 정서, 사상 등의 내면적 세계에 적용되기 때문이다.

05. 다음 문장의 밑줄 친 부분과 같은 뜻의 단어는?

> The audience was composed of people from all walks of life.

① occupations ② ages
③ men and women ④ districts
⑤ over the world

> 청중은 온갖 직업을 가진(계급의) 사람들로 이루어졌다.
> ① 직업 ② 세대 ③ 남녀 ④ 지역(지방) ⑤ 전 세계의

06. 다음 문장의 밑줄 친 부분과 바꾸어 쓸 수 있는 단어는?

> I'm going to give a speech tomorrow, so I have to brush up on my notes.

① buy ② review
③ understand ④ summarize
⑤ start

> brush up(on) = review 복습하다

> 내일 연설을 해야 하기 때문에 노트를 재검토해야만 한다.

정답 05. ① 06. ②

07. 다음 글을 읽고 요점을 잘 표현한 것을 고르면?

> A guest who had been waiting for his order for more than half an hour said to the waiter when he finally appeared ; "Are you the same waiter I gave my order to? I expected a much older one."

① 주문한 음식과 다르다고 손님이 웨이터를 꾸짖는 글
② 음식이 늦게 나왔다고 손님이 웨이터를 비꼬아 꼬집는 글
③ 늙은 웨이터 때문에 손님이 불쾌하게 생각하는 글
④ 음식점에 시계가 없음을 불평하는 글
⑤ 명령에 복종하지 않는다고 웨이터를 꾸짖는 글

해석 주문한 후 30분 이상 기다린 한 손님이 드디어 웨이터가 나타났을 때 그에게 말했다. "당신이 내가 주문했던 그 웨이터요? 나는 더 나이 들어 있을 줄 알았소."

08. 다음 글의 문맥으로 보아 _____에 들어갈 가장 알맞은 것은?

> No matter what you can do well you can usually find somebody who can do it better. And no matter how well you do something you can always _____ it by working on it some more.

① hope   ② learn
③ begin   ④ improve
⑤ settle

 improve 개량하다, 향상시키다, 좋게 하다 / settle 결정하다, 합의를 보다

해석 비록 당신이 잘 할 수 있다고 할지라도 당신은 그것을 더 잘 할 수 있는 누군가를 항상 발견할 것이다. 그리고 당신이 어떤 일을 아무리 잘 한다고 할지라도 그 일을 계속 함에 따라 당신은 반드시 그 일을 보다 <u>좋게 할 수 있을</u> 것이다.

정답. 07. ② 08. ④

09. 다음 문장의 밑줄 친 부분의 뜻과 같은 것은?

> More than anything else, a governor needs to have an eye for what will interest the public.

① have responsibility for
② pay attention to
③ have good judgment for
④ take advantage of
⑤ make use of

① ~에 대해 책임을 지다 ② ~에 주의를 기울이다
③ ~을 잘 판단하다 ④ ~을 이용하다
⑤ ~을 사용하다

해석 무엇보다도 통치자는 국민대중의 관심을 끌 일에 대해 안목(판단력)이 있어야 한다.

10. 다음 내용의 _____ 에 들어갈 알맞은 것은?

> You seem to be dissatisfied with your present post. I don't think you judged your ability when you applied for it, _____ you.

① do
② did
③ don't
④ didn't
⑤ haven't

해석 당신은 당신의 현재의 직위에 불만족해 하는 것 같습니다. 나는 당신이 그 직위에 지원했을 때 당신의 능력을 판단했다고 생각하지 않습니다. 그렇지 않습니까?

11. 주어진 문장과 가장 가까운 뜻의 글은?

> Jane said that Bob had evidently taken money from Beth.

정답 09. ③ 10. ② 11. ⑤

① It was evident that Jane said Bob had taken money from Beth.
② Jane evidently said that Bob had taken money from Beth.
③ According to Jane's evidence, Bob stole money from Beth.
④ Jane was said to have evidently taken money by Beth.
⑤ According to Jane, it was evident that Bob had taken money from Beth.

해석 Bob이 Beth로부터 분명히 돈을 빼앗었다고 Jane이 말했다.
① Bob이 Beth로부터 돈을 빼앗었다고 Jane이 말한 것은 분명하다.
② Jane은 Bob이 Beth로부터 돈을 빼앗었다고 분명히 말했다.
③ Jane의 증언에 따르면, Bob이 Beth로부터 돈을 훔쳤다.
④ Beth에 의하면 Jane이 명백하게 돈을 빼앗었다고 한다.
⑤ Jane의 말에 따르면, Bob이 Beth로부터 돈을 뺏은 것은 분명하다.

12. 다음 문장의 내용상 _____에 가장 어울리는 것은?

> Even in rural areas in New England, there is little land area per inhabitant. People must live close together, and there is no room for _____.

① homes to live in   ② large farms
③ moving to other places   ④ wasting time
⑤ roads and highways

해석 New England에서는 시골에서 조차 주민 1인당 토지면적은 극히 작다. 사람들은 서로 밀집해서 살아야 한다. 그리고 거기에는 큰 농장이 들어설 자리가 없다.

13. 다음 문장의 밑줄 친 부분에 잘못이 있는 것은?

① <u>There is nothing for it but to</u> surrender.
② Students should <u>avail themselves to</u> the books in the library.
③ He <u>went on with</u> his work.
④ She <u>did nothing but cry</u> all day long.

정답 12. ② 13. ②

⑤ Bad weather <u>kept us from going</u> out.

① There is nothing for it but to~ : ~할 수밖에 없다.
② avail oneself of : ~을 이용하다
③ go on with : ~을 계속하다
④ do nothing but+동사의 원형 : ~하고만 있다
⑤ keep + 목적어 + from ~ing : ~하는 것을 금하다

14. 다음 문장의 정의에 해당하는 단어는?

> right or advantage available to only a particular person, class or rank

① sovereign   ② patent
③ servitude   ④ nobility
⑤ privilege

해석 오로지 특정한 개인, 계급 또는 계층만이 이용할 수 있는 권리 혹은 이익
       ① 주권자 ② 특허(권) ③ 노예상태(노역) ④ 고귀(숭고) ⑤ 특권

15. 다음 문장의 _____ 에 들어갈 알맞은 것은?

> His work _____, Robert went out with Emily.

① has been done   ② was done
③ is done   ④ done
⑤ will be done

 His work (having been) done, ~

해석 그의 일이 끝났기 때문에 Robert는 Emily와 밖으로 나갔다.

정답 14. ⑤   15. ④

16. 다음 글을 읽고 그 내용과 일치하는 것을 고르면?

> The change in the relationship between parents and children is a particular example of the general spread of democracy. Parents are no longer sure of their rights as against their children ; children no longer feel that they owe respect to their parents.

① Owing to democracy mutual understanding has been firmly established in the relation between parents and children.
② The virtue of obedience is regarded highly by youngsters.
③ Parents are very self-confident in their rights about their children.
④ Sometimes parents are quite at a loss as to what to do in educating their children.
⑤ The changes in the relationship between parents and children nowadays are very desirable.

해석 부모와 자식간의 관계 변화는 민주주의의 광범한 확산의 특별한 예이다. 부모들은 이제 자식들에 대한 자신들의 권리를 확신하지 못하고 있다. 자식들은 이제 부모들에게 존경을 표시해야 한다고 생각하지 않는다.
① 민주주의로 인하여 부모와 자식간의 관계에 있어서 상호이해가 굳건하게 자리잡아 왔다.
② 복종의 미덕은 젊은이들에 의해 높이 평가된다.
③ 부모들은 자식들에 대한 그들의 권리를 매우 자신하고 있다.
④ 때때로 부모들은 자식들을 어떻게 교육시켜야 할지 쩔쩔맨다.
⑤ 오늘날 부모와 자식간의 관계 변화는 매우 바람직하다.

17. 주어진 글과 같은 뜻으로 바르게 바꿔 쓴 것은?

> They say that he was a famous writer.

① He is said to have been a famous writer.
② He was said to have been a famous writer.
③ He is said to be a famous writer.

 16. ④ 17. ①

④ He was said to be a famous writer.
⑤ It is said to have been a famous writer.

> They say that he was a famous writer.
> = It is said that he was a famous writer = He is said to have been a famous writer.

해석 그는 유명한 작가였다고 한다.

18. 다음 문장의 _____ 에 들어갈 알맞은 것은?

> He rapidly learned to speak English, _____.

① of which they were all astonished
② which made them astonish
③ at which they were all astonished
④ the rapidity of which astonished them all
⑤ from which they were all astonished

> be astonished at : ~에 놀라다

해석 그는 영어를 순식간에 배웠고, 그들은 모두 그 사실에 놀랐다.

19. 다음 우리말을 영어로 가장 잘 표현한 것은?

> 나는 차를 도난당했다

① I had my car to steal.
② I got my car to be stolen.
③ I had my car stolen.
④ I was stolen of my car.
⑤ I miss my car.

> have(get)+O+p.p. : ~시키다, 당하다는 사역과 수동을 나타낸다.

정답 18. ③   19. ③

20. 다음 글의 밑줄 친 부분 중 가장 어색한 것은?

This job ① <u>is offered</u> ② <u>to</u> those who ③ <u>are</u> able and have ④ <u>the will</u> to ⑤ <u>carry out it</u>.

⑤ 동사구 carry out은 '타동사+부사'의 구조를 이루므로 carry it out으로 하여야 옳다.

이 일은 할 수 있고 하려는 의지를 가지고 있는 사람들에게 주어진다.

21. 다음 글을 읽고 이 글에 나타난 격언을 고르면?

There are many kinds of work in life. We must choose among them because our power and intelligence are limited. He who wants to do everything will never do anything. We ought to decide upon a point of attack and concentrate our forces there. Once the decision is made, let there be no change unless a serious accident happens. Let's do our best to achieve our aim.

① Make hay while the sun shines.
② You can't eat your cake and have it.
③ Things done by halves can never be done.
④ A rolling stone gathers no moss.
⑤ Where there is no will, there is no way.

인생에는 많은 종류의 일이 있다. 우리는 우리의 능력과 지능이 한정되어 있으므로 그것들 중에서 선택을 해야 한다. 모든 것을 하고자 하는 자는 아무 것도 할 수 없다. 우리는 공격점을 결정해야만 하고 거기에 우리의 힘을 집중시켜야만 한다. 일단 결정을 하면 어떤 심각한 일이 발생하지 않는 한 바꾸지 말아야 한다. 우리의 목적을 성취하기 위하여 최선을 다합시다.
① 볕이 났을 때 건초를 만들어라(쇠뿔은 단김에 빼라) ; 기회를 놓치지 말라.
② 과자는 먹으면 없어진다 ; 꿩 먹고 알 먹고는 할 수 없다.
③ 어중간하게 한 일은 안 하니만 못하다는 뜻
④ 구르는 돌에는 이끼가 끼지 않는다.
⑤ 뜻이 없으면 길도 없다. 즉, 뜻이 있는 곳에 길이 있다.

정답 20. ⑤ 21. ③

22. 다음 글을 읽고 Lincoln의 의도를 가장 잘 표현한 것을 고르면?

One cold day when Lincoln was walking along the Springfield road, he came up to a man who was driving by in a carriage and asked him if he would take his overcoat into town. "With pleasure," the man said, "but how will you get it again?" "Very readily," said Lincoln, "I intend to remain in it."

① He intended to ask if he could take his overcoat.
② He intended to get a lift in the carriage free of charge.
③ He intended to get the man to carry his overcoat alone.
④ He intended to have got on the carriage in his overcoat.
⑤ He intended to take off his overcoat, walking on foot.

> 윗글은 링컨이 읍내까지 마차를 공짜로 타고 갈 수 있는지의 여부를 간접적으로 물어보는 재치가 넘치는 글이다.
> come up to ~에 도달하다(reach), '기대'대로 되다, '표준, 견본'에 맞다, ~와 맞먹다 / intend to ~할 작정이다, ~을 의도하다, 계획하다

> 링컨이 스프링필드 거리를 따라 걷던 어느 추운 날, 그는 마차를 끌고 있는 어떤 남자에게 다가가서 그의 코우트를 읍내까지 가져다 줄 수 있는지를 물었다. "기꺼이" "그러나 어떻게 다시 가져오죠?" 라고 그는 말했다. "매우 쉽게" "나는 그 속에 머물러 있을 작정이에요." 라고 링컨이 말했다.

23. Fill in the blank with a suitable word.

Although I am _____ with the major elements in the dispute, I wish to study the matter more fully.

① conversant   ② aware
③ unacquainted   ④ disappointed
⑤ gratified

정답 22. ②   23. ①

be conversant with : ~에 정통하다
① conversant 정통하고 있는
② aware 의식하고 있는, 알고 있는
③ unacquainted 모르는, 낯선
④ disappointed 실망한, 낙담한
⑤ gratified 기쁘게 하는, 만족시키는

해석 비록 나는 그 논쟁의 주요한 원리들에 정통하지만 나는 그 문제를 보다 충분히 연구하고 싶다.

※ 다음 대화의 밑줄 친 곳에 들어갈 알맞은 것을 고르시오. (24~25)

24.

A : I hear you are an excellent singer.
B : _____, I can't sing at all.

① Far form it
② Yes, of course
③ No, thanks
④ All right
⑤ Sure

 far from : 조금도 ~하지 않다, ~하기는 커녕

해석 A : 소문에 듣기로 당신은 훌륭한 가수라고 하던데요.
B : 그러기는 커녕, 나는 노래를 전혀 부를 줄 모릅니다.

25.

A : Well, I'm afraid I've taken up too much of your time. I'd better go now.
B : Not at all. _____.

① Take your time.
② Make yourself at home.
③ Help yourself at home.
④ Please, go ahead.
⑤ I hope not.

Take your time = Don't hurry : 서두르지 마라, 천천히 해라

A : 저, 당신 시간을 너무 많이 뺏은 것 같군요. 이제 그만 가는 게 낫겠습니다.
B : 천만에요. 천천히 놀다가세요.
② 자리를 편히 하십시오.   ③ 마음껏 드십시오.
④ 네, 그렇게 하세요.   ⑤ 그러지 않기를 바랍니다.

26. 다음 글 중 Asia에서 cellular phone 소지자 증가의 요인으로 나타나 있지 않은 것은?

The number of cellular phone subscribers in Asia is predicted to rise from the current figure of around 10 million to 72 million by the year 2,000. Fueling this boom are the region's dramatic economic growth, an abiding preoccupation with high technology and increased competition among cellular operators caused by market liberalization and the onset of new digital systems. Another factor stoking the cellular revolution is Asia's insatiable appetite for status symbols. In many parts of the region, having a cellular phone by one's side is a crucial to overall image as being well-dressed.

① 경제성장   ② 첨단기술에의 몰두
③ 정치적 안정   ④ 신분상징에의 욕구
⑤ 신 디지털 시스템의 도입

cellular phone 휴대전화 / subscriber 가입자, 신청자 / predict 예상하다 / fuel 연료를 공급하다, 촉진시키다 / abiding 지속적인 / preoccupation 선취, 선점, 관심사 / operator 운영자, 사업자 / onset 도입, 착수 / insatiable 만족을 모르는, 탐욕스러운 / crucial 결정적인, 중요한

아시아의 휴대폰 가입자 수가 현재 약 1,000만 명에서 2000년경에는 7,200만 명까지 증가될 것으로 예상되고 있다. 이러한 증가를 촉진시키는 원인으로는 국가의 눈부신 경제성장, 첨단기술에 대한 지속적인 관심, 시장 자유화로 인한 휴대폰 업체간의 경쟁 증가 및 신 디지털 시스템의 도입 등이 있다. 휴대폰 혁명을 촉진시키는 또 하나의 요인은 아시아인들의 신분상징에 대한 지속적인 욕구이다. 아시아의 상당국가에서는 휴대폰을 허리에 차는 것이 옷을 잘 차려입는 것만큼 전반적인 이미지에 중요한 역할을 한다.

26. ③

27. 다음 문장 중에서 문법적으로 올바른 것은?

① I won't go out if it will rain.
② Lend me the book when you will finish it.
③ He has left for Busan an hour ago.
④ The day will come when we will be able to travel to the moon.
⑤ The house is belonging to him

① I will go out if it rains.(가정법 현재)
② will → 생략(시간이나 조건을 나타내는 부사절에서는 현재형으로 미래를 대신한다.)
③ ago는 과거형 동사와 함께 쓰인다. has → 생략
⑤ belong은 상태동사로 진행형을 쓰지 못한다. belonging → belongs

※ 다음 빈 칸에 들어갈 가장 알맞은 것을 고르시오. (28~30)

28.

With the development of modern methods of transportation and communication, rural areas have become less (   ).

① developed
② isolated
③ necessary
④ interesting
⑤ convenient

② isolated 고립된, 격리된

현대적인 방법의 운송과 통신의 발달로 시골지역은 덜 소외되어 가고 있다.

29.

The student finished his assignment. He felt (   ).

① satisfy
② satisfying
③ satisfied
④ to satisfy

정답 27. ④ 28. ② 29. ③

⑤ to be satisfied

feel은 불완전 자동사로 주어의 상태를 나타내는 보어를 취한다.(2형식)

그 학생은 그의 과제를 마쳤다. 그는 <u>만족한</u> 기분이 들었다.

30.
Think twice before you make a promise. If you say you will do a thing, and neglect to do it, you will have told a lie ; your friends will (   ).

① speak well of you
② believe in your words
③ speak ill of themselves
④ lose faith in your word
⑤ deceive you

여러분은 약속을 하기 전에 재삼 생각하시오. 만일 여러분들이 일을 하면 그 어떤 일을 할 것이라고 말하고 그것을 게을리 하면 여러분은 거짓말을 하게 되는 것이고, 여러분들의 친구는 여러분들의 말에 대해 신뢰를 잃을 것이다.

31. 다음 글의 뜻이 같도록 문장을 변형했을 때 잘못된 것을 고르면?

① He seems to have been idle.
   It seems that he was idle.
② It is twenty years since the bridge was built.
   Twenty years have passed since the bridge was built.
③ Hardly had he finished the work, he went home.
   As soon as he had finished the work, he had gone home.
④ Mr. Kim is the oldest worker in our company.
   No other worker is older than Mr. Kim in our company.
⑤ I never see him without thinking of my boss.
   Whenever I see him, I think of my boss

정답 30. ④ 31. ③

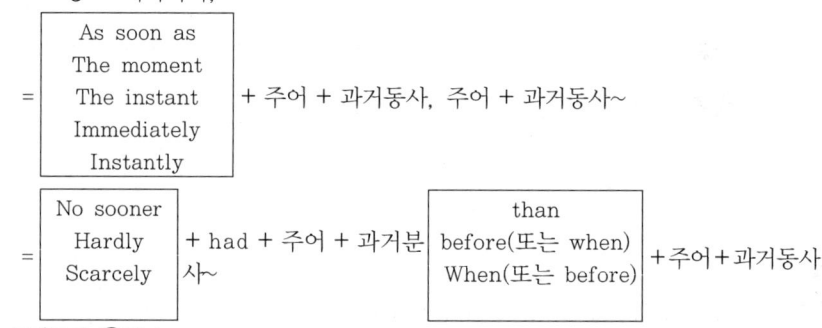

그러므로 ③의 As soon as ~ → As soon as he finished the work, he went home

32. 다음 단어의 풀이가 잘못된 것은?

① <u>laboratory</u> ; a place for experiments.
② <u>safe</u> ; a steel or irn box for money.
③ <u>microscope</u> ; an instrument used for seeing distant objects.
④ <u>library</u> ; an arranged collection of books.
⑤ <u>superstition</u> ; a foolish belief in supernatural powers.

 microscope ; an instrument with lenses for making very small near objects appear larger(현미경), ③은 telescope(망원경)에 관한 설명이다.
① laboratory 실험실 ② safe 금고 ④ library 도서관 ⑤ superstition 미신

33. 다음 밑줄 친 부분의 표현과 가장 가까운 뜻으로 쓰이는 것은?

| I cannot afford the time, <u>let alone</u> the money. |

① in view of   ② not to mention
③ in addition to   ④ not to concentrate on
⑤ but for

정답 32. ③ 33. ②

let alone : ~은 말할 것도 없이(=not to mention)

해석 나는 돈은 말할 것도 없이 시간도 없다.

34. 다음 글의 밑줄 친 부분 중 어법상 옳지 않은 것은?

The ancient Greeks didn't know ① that the world ② is round, ③ nor they knew ④ what was ⑤ beyond the Atlantic.

③ nor는 다음에 이어지는 주어+동사의 어순은 nor+V+S의 어순으로 하여야 하므로 nor did they know로 하여야 옳다.

해석 고대 그리스인들은 지구가 둥글다는 사실을 몰랐으며 대서양 너머 무엇인지 있는지도 몰랐다.

35. 다음 제시된 문장의 밑줄 친 부분과 같은 뜻으로 쓰인 것은?

I am on good speaking terms with her.

① He knows a great deal of scientific terms.
② She has been on good terms with my brother.
③ He spoke of my work in terms of praise.
④ He got good marks in the first term.
⑤ He contributed to the economic growth during his term of office.

on good terms 친밀하게

해석 나는 그녀와 친밀하게 말하고 있다.
① 그는 과학용어를 많이 알고 있다.
② 그녀는 나의 동생과 친밀하게 지내고 있다.
③ 그는 칭찬하는 말로 나의 일을 말했다.
④ 1학기 안에 그는 좋은 점수를 얻었다.
⑤ 그는 그의 임기 동안에 경제성장에 기여했다. term of office(임기)

정답 34. ③ 35. ②

36. 다음 글의 주제로 가장 알맞은 것은?

> Children are a growing consumer market in their own right. But they are far more important to business as an influence on their parents' purchases. School-age children make incessant demands for toys and food. Toddlers quickly learn that they can affect their parents behavior in stores. Even the smallest infant can cause a frazzled parent to abandon a shopping trip by throwing a tantrum in the middle of a supermarket.

① children's demands for toys
② children's influences on parent' purchases
③ the importance of education at home
④ the problem of generation gap
⑤ growing consumer market

in one's own right 의당, 자기의(타고난) 권리로 / school-age 학령의 / incessant 끊임없는, 부단한 / toddler 아장아장 걷는 사람 / frazzled 지친, 너덜너덜해진 / throw a tantrum 투정부리다, 발끈 화를 내다
But 이하 두 번째 문장이 주제문임을 알 수 있다. 주제문 다음의 문장들은 주제를 뒷받침해주는 부연설명에 해당한다.

해석   아이들은 그들만으로도 점차 증대되는 소비시장이다. 그러나 그들은 부모들의 구매에 영향을 미친다는 점에서 매매에 훨씬 더 중요하다. 학령 아동들은 장난감과 먹거리에 대해 (부모에게) 끊임없이 요구한다. 갓 걸음을 배운 아이들도 자신들이 상점에서 부모의 행동에 영향을 미칠 수 있다는 것을 금세 알아챈다. 심지어는 걸음마도 못 뗀 아이들조차도 슈퍼마켓 한 가운데서 투정을 부림으로써 지친 부모로 하여금 쇼핑을 그만두게 할 수도 있다.

37. 다음 'A' 와 'B' 의 대화 중 가장 어색한 것은?

① A : I beg your pardon, I forgot to bring your book.
　B : Oh, that's all right.
② A : Will you pass me the salt?
　B : Here you are.

정답 36. ② 37. ⑤

③ A : Is it all right if I come back around four?
　　B : Certainly. Do as you please.
④ A : Would you show me the way to Ban-Do Hotel?
　　B : I'm sorry, but I am a stranger here.
⑤ A : "I cannot thank you enough.
　　B : I am sorry to hear that.

"I can not thank you enough"는 "내가 아무리 감사해 한다 할지라도 충분하지 못하다."는 뜻으로 매우 감사하다는 뜻을 나타낼 때 쓰인다. 그러므로 "You're welcome" 등으로 답한다.

① A : 죄송합니다만, 당신의 책을 가져오는 것을 잊었어요.
　　B : 오, 괜찮습니다.
② A : 소금 좀 주시겠습니까?
　　B : 여기 있습니다.
③ A : 4시경에 돌아와도 괜찮을까요?
　　B : 물론, 좋을 대로 하시오.
④ A : 반도 호텔로 가는 길을 가르쳐 주시겠습니까?
　　B : 죄송합니다만, 저도 여기는 처음이에요
⑤ A : 정말로 감사합니다.
　　B : 그 소리를 들으니 유감이군요.

38. 다음 밑줄 친 곳에 들어갈 가장 적절한 것은?

　　Try to answer your cellular phone on the first ring. Otherwise the caller may ＿＿＿ and you might miss an important message.

① call on　　　　　　② hang up
③ pick up　　　　　　④ put on
⑤ depend upon

otherwise 그렇지 않으면 / call on 방문하다, 요구하다 / pick up 줍다, 집다 / hang up 수화기를 놓다, 전화를 끊다 / put on ~을 ~에게 짐을 지우다 / depend upon ~에게 의존하다

벨소리가 처음 울리자마자 휴대폰을 받도록 하십시오. 그렇지 않으면 전화를 건 사람이 전화를 끊어서 당신이 중요한 메시지를 놓칠 수도 있습니다.

38. ②

39. 다음 문장의 밑줄 친 부분과 의미가 가장 가까운 것은?

> What a stupid fellow he is! I can't make him out at all.

① respect
② endure
③ understand
④ like
⑤ support

> make out 이해하다, 알아본다, 기초하다, 작성하다 / endure 인내하다, 견디다

> 그는 정말 바보로구나! 나는 그를 전혀 이해할 수가 없다.

40. 다음 문장의 밑줄 친 부분과 뜻이 같은 것은?

> The two men turned around simultaneously at the sound of the whistle.

① at the same time
② in a similar manner
③ in order
④ in a hurry
⑤ one after another

> simultaneously 동시에, 일제히(=at the same time)
> ⑤ one after another : 차례로(잇달아)

> 그 두 남자는 휘파람소리가 나는 쪽으로 동시에 돌아보았다.

39. ③ 40. ①

제 14회 적중예상문제

01. 다음 빈칸에 들어갈 알맞은 단어는?

> Today, the average man enjoys conveniences, which a century ago were not available to even the wealthiest, because these things had not yet been _____.

① said
② educated
③ discovered
④ solved
⑤ invented

> convenience 편리, 편의 / available 이용할 수 있는 / discover 발견하다 / invent 발명하다

> 오늘날, 보통사람은 삶의 이기를 즐기고 있고, 그것은 백년 전에는 가장 부자인 사람들도 이용할 수 없었다. 왜냐하면 그런 것들은 그때까지 발명되지 않았기 때문이다.

02. 다음 글의 밑줄 친 부분과 바꾸어 쓸 수 있는 것은?

> While some bacteria are beneficial, others are <u>harmful</u> in that they cause disease.

① detrimental
② mordant
③ prodigious
④ sporadic
⑤ considerate

> harmful(= detrimental) 해로운 / mordant 실랄한 / prodigious 굉장한 / sporadic 산발적인

정답 01. ⑤ 02. ①

03. 다음 빈칸에 들어갈 가장 알맞은 말을 고르면?

> People who easily believe without sufficient evidence are _____.

① credential   ② credible
③ credulous   ④ counterfeit
⑤ creditable

> credential 신용장 / credible 믿을 수 있는 / credulous 잘 속는 / counterfeit 위조품 / creditable 훌륭한

04. 다음 문장의 밑줄 친 부분과 바꿔 쓸 수 있는 것을 고르면?

> <u>Aside from</u> his salary, he has little money.

① Even if   ② Thanks to
③ Except for   ④ Compared to
⑤ Because of

> aside from 별개로 / even if ~라 하더라도, ~에도 불구하고 / compare to ~와 비교하다

05. 다음 빈칸에 들어갈 말이 넷과 다른 나머지 하나는?

① Strawberries are _____ of season now.
② I cannot figure _____ what the man is trying to say.
③ He set _____ on foot early the next morning for Paris.
④ The firemen worked hard but were not able to put _____ the fire.
⑤ In college he's expected to take _____ the whole of a long argument or exposition.

정답) 03. ③   04. ③   05. ⑤

out of season 철이 지난 / figure out 이해하다 / set out 출발하다 / put out 불을 끄다 / take in 이해하다, 속이다.

06. Choose the most grammatical sentence.
① You had better to stay home.
② My brother married with a TV actress.
③ We discussed about the matter.
④ He entered into the room with his teacher.
⑤ I'll wait here until he comes back.

① had better+동사원형
② marry
③ discuss
④ enter(들어가다) enter into (착수하다)

※ 다음 중 빈칸에 들어갈 어구로 알맞은 것은? (07~08)

07.
Knowing _____ my own faults, I can hardly blame others.

① as I am
② as I have
③ as it is
④ as I do
⑤ as I can

분사구문의 강조 : as + S + V

해석 내 자신의 결함을 잘 알기에, 나는 남을 비난할 수 없다.

  06. ⑤ 07. ④

08.

> The rich young newlywed bought a beautiful new home and _____.

① their pool was installed ② had a pool installed
③ had a pool being installed ④ a pool was installed
⑤ a pool is installed

　병렬구조 : S + bought ~and ……

　해석　멋진 새집을 샀고, 풀장도 설치했다.

09. 다음 내용을 잘 나타내는 말은?

> To push air out from the throat with a rough explosive noise because of discomfort in the lungs or throat during a cold.

① sigh ② laughter
③ cough ④ snore
⑤ headache

　sigh 한숨짓다 / snore 코를 골다

　해석　감기가 걸렸을 때 폐나 목의 불편함으로 거친 소리와 더불어 목에서 공기를 불어내는 것.(기침)

10. 다음의 우리말을 영어로 옮길 때 빈칸에 들어갈 어구는?

> 나에게 우연히 멋진 생각이 떠올랐다.
> ⇒ I _____ a bright idea by chance.

① occurred to ② happened to
③ struck to ④ hit upon

정답 08. ② 09. ③ 10. ④

⑤ brought to

> occur to = strike 떠오르다(생각, 계획이 주어) / hit upon = come upon 떠올리다
> (사람이 주어)

11. 다음 대화의 빈칸에 알맞은 것은?

> A : That English fellow's songs are very poetic.
> B : _____ the words to the songs, but he also composes music.

① Although he writes   ② If he writes
③ Not only dose he write   ④ He also writes
⑤ It is not all that he writes

> not only A but ~B : A뿐만 아니라 B도 역시

> A : 저 영국인의 노래는 매우 서정적이야.
> B : 그는 노래가사를 쓸 뿐만 아니라 작곡도 해.

※ 다음 밑줄 친 부분과 그 의미가 유사한 것을 고르시오. (12~13)

12.
> She thought it <u>expedient</u> not to tell her mother where she had been.

① useful   ② cruel
③ foolish   ④ insolent
⑤ disrespectful

> expedient 편의주의적인, 적절한 / cruel 잔인한 / insolent 무례한 / disrespectful 불손한

> 그녀는 자신의 어머니에게 자기가 어디에 있었는지 말하지 않는 것이 편할 것이라고 생각했다.

11. ③ 12. ①

13.

> We've made <u>tentative</u> plans for a holiday but haven't decided anything certain yet.

① effective
② suspicious
③ sustainable
④ temporary
⑤ absurd

 tentative 임의의, 잠정적인(=temporary, interim, provisional.) / sustainable 지탱할 수 있는 / absurd 어리석은

14. 다음 문장 중에서 어법상 옳지 않은 것은?

① She objected to being treated like a child.
② I am not opposed to your plan.
③ He has a large family to provide for.
④ We were provided good meals.
⑤ It is necessary for you to read the books.

 be provide with ~을 공급하다
④ we were provided with good meals.

15. 다음 중 단어의 뜻풀이가 잘못된 것은?

① durable : lasting for a long time
② rite : a ceremony with a serious, often religious purpose
③ ecology : the study of relations between living things and their environment
④ geometry : the study of rocks and soils, and of their development
⑤ beverage : a drink, for example tea, coffee or wine

정답 13. ④ 14. ④ 15. ④

durable 지속할 수 있는 / rite 예식 / ecology 생태학 / geometry 기하학 / beverage 음료수
④ geology 지질학

16. Choose the one which is closest in meaning to the underlined phrase.

> This milk must be bad ; it's <u>giving off</u> a nasty smell.

① containing
② removing
③ absorbing
④ emitting
⑤ dismissing

 give off 발산하다(= emit, remove 제거하다 / absorb 흡수하다)

해석 이 우유는 상했음에 틀림없다. 역겨운 냄새가 난다.

17. 다음 중 빈칸에 들어갈 어구로 알맞은 것은?

> The party is being held _____ the retired politician.

① in charge of
② on purpose
③ in place of
④ in honor of
⑤ in lieu of

retired politician 은퇴한 정치가 / in charge of 맡고 있는 / on purpose 고의로 / in place of 대신에 / in honor of 기념하여 / in lieu of 대신에(=instead of)

  16. ④ 17. ④

18. 다음 중 어법상 옳지 않은 것은?

> Dictionaries vary in size from ones small enough to carry in your pocket
> ① ② ③
> to the very large unabridged ones that you can scarcely lift.
> ④ ⑤

▶ ② to be carried.

[해석] 사전은 크기가 다양하다 호주머니에 갖고 다닐 정도의 작은 것에서부터 거의 들어올리 수 없을 정도의 축소되지 않은 것까지

19. 다음 두 문장은 화법을 바꾼 것이다. 빈칸에 들어갈 말로 알맞은 것은?

> She said to us, " Let's go home now."
> = She _____ to us that we _____ go home _____.

① said, would, now
② advised, would, then
③ suggested, should, then
④ told, should, then
⑤ proposed, should, now

▶ said to = suggested

20. 다음 중에서 어법상 올바른 문장에 해당하는 것은?

① No one seems to be a quite decent person.
② She is always off a duty on Saturdays and Sundays.
③ He was looking for a Mr. Jonse at the party.
④ The dealer has just bought an used car from her.
⑤ Mr. Jonse was elected a president of the company.

[정답] 18. ② 19. ③ 20. ③

① quite a decent person
② off duty
④ a used car
⑤ was elected president of the co.

21. Fill in the blank with the most suitable one.

| He doesn't mind _____ by his friends. |

① being laughed   ② be laughed
③ to be laughed at   ④ being laughed at
⑤ to be laughed

 mind 꺼리다(동명사를 목적어로 취함) / laugh at 비웃다.

그는 친구에게 비웃음을 당하는 것에 개의치 않는다.

22. 다음 글에 이어질 어구로 가장 알맞은 것은?

I saw her white back as she took off her nightgown and then I look away because she did not wanted me to. She was beginning to be a little big with the child and she did not want _____.

① for me to see her   ② that I saw her
③ that I saw his appearance ④ me to see her
⑤ me to have seen her

 want + 목적어 + to + 동사

그녀는 임신을 해 몸집이 커지고 있었고 내가 자신을 보는 것을 원치 않았다.

 21. ④ 22. ④

23. 다음 글에서 본문 전체의 흐름과 관계가 없는 문장은?

In many ways, people thrive on stress. ① Too much stress can cause unwanted effects on the body. ② A limited amount of stress can make people more aware of their surroundings. ③ This awareness can help many people achieve high performance. ④ The stress of competition might help a runner set a new world record. ⑤ Increased awareness can even help people handle emergencies.

 in many ways 여러모로 / aware of ~을 깨달은 / thrive 번창하다 / unwanted 반갑지 않은, 원치 않은 / surrounding 주위의 / surroundings 환경 / awareness 인식 / performance 업적 / competition 경쟁자, 경쟁 / record 기록 / emergency 비상사태

스트레스의 긍정적 측면에 대한 내용이 아닌 것을 찾으면 된다(unwanted effects-원치 않은 결과).

 여러모로 사람들의 스트레스가 증가하고 있다. ① 과도한 스트레스는 몸에 원치 않는 영향의 원인이 될 수 있다. ② 스트레스의 한계는 사람들을 더 많이 그들 환경에 대해 깨닫게 만들 수 있다. ③ 이런 인식은 많은 사람들을 높은 업적을 성공할 수 있도록 도와준다. ④ 스트레스의 경쟁은 주자에게 새로운 세계 신기록을 세우는데 도움을 줄지도 모른다. ⑤ 증대된 인식은 긴급 상황의 대처까지도 도움을 줄 수 있다.

24. 다음 대화의 빈칸에 들어갈 알맞은 내용은?

Waiter : Would you like coke or coffee?
Herry : No, thanks. (   )
Waiter : Right away, sir.

① Just leave me alone ② I'm not hungry anymore
③ I take my coffee black ④ Just the check, please
⑤ I have already had enough

정답 23. ① 24. ④

해석 ① 나 좀 내버려 둬.
② 지금은 배가 고프지 않습니다.
③ 커피를 블랙으로 주세요.
④ 계산서 좀 부탁해요.
⑤ 이미 충분히 참았어.

※ Choose the one which is closest in meaning to the underlined part. (25~26)

25.
In his speech, he <u>dwelt upon</u> the importance of science.

① respected ② regretted
③ remembered ④ emphasized
⑤ disdained

dwell upon 곰곰이 생각하다, 강조하다. 오래 끌다 / emphasize 강조하다 / disdain 경멸하다.

26.
To reveal a military secret is <u>tantamount</u> to treason.

① relative ② opposite
③ reasonable ④ equivalent
⑤ proper

tantamount 버금가는, 동등한 / treason 반역 / opposite 맞은편의, 정반대의 / reasonable 합리적인 / equivalent 동등한 / proper 적절한

해석 군사비밀을 폭로하는 것은 반역과 <u>동등</u>하다

  25. ④ 26. ④

27. 다음의 빈칸에 들어갈 단어로 알맞은 것은?

> Many businesses provide a kind of _____ which is paid until the death of the retired man or woman.

① share
② pension
③ interest
④ loan
⑤ bargain

　　share 몫 / pension=stipend 연금 / interest 이자 / loan 대출

28. 다음 글의 뜻을 가장 잘 나타낸 말을 고르면?

> The determination by a court of the punishment of a convicted person

① amusement
② sponsor
③ disposal
④ advice
⑤ sentence

　　determination 결정 / convict 유죄판결을 내리다 / convicted person 기결수 / amusement 즐거움 / disposal 처분 / sentence 판결, 언도

　해석　법정에서의 기결수 처벌의 결정

29. 다음 글의 빈칸에 들어갈 알맞은 어구는?

> One has to read newspapers daily in order to _____ what is happening of in world. Otherwise, one's information quickly becomes out of date.

① deal with
② depend upon
③ keep up with
④ engage in

27. ② 28. ⑤ 29. ③

⑤ come across

deal with 다루다 / keep up with 따라잡다 / engage in 종사하다 / come across 우연히 만나다.

사람은 세상에서 일어나고 있는 일들을 따라잡기 위해선 매일 신문을 읽어야 한다. 그렇지 않으면 자신의 정보는 구식이 되어버린다.

30. 다음 글의 밑줄 친 부분과 의미가 가장 가까운 것을 고르면?

I have really been on edge lately.

① unhappy ② bored
③ lucky   ④ angry
⑤ nervous

on edge 조바심이 나는, 흥분한(= nervous) / bored 지겨운 / on pins and needles 불안한(= uneasy.)

나는 최근에 진짜 조바심이 났었어.

※ 다음 중 문법적으로 어색한 부분을 고르시오. (31~32)

31.

At birth, an infant exhibits a remarkable number of motor response.
①   ②   ③   ④   ⑤

⑤ a number of = 많은 (복수의미) + 복수명사 motor responses(운동반응)

정답 30. ⑤ 31. ⑤

32.

The students in the dormitories were forbidden, unless they had special passes,
　　　　　　① 　　　　　　　　　② 　　　　　　③ 　　　　　　　　　　④
from staying out after 11 : 30 p.m.
⑤

🎓 forbid + 목적어 + to + V, from staying ⇒ to stay.

해석 기숙사의 학생들은 특별 통행증을 갖고 있지 않으면 밤 11:30 이후에 외출은 금지되었다.

33. 아래 빈칸에 들어갈 어구로 가장 알맞은 것은?

To win yesterday's competition, he _____ a lot of time preparing himself but he didn't

① would spend 　　　　　　② had to spend
③ would have to spend　　　 ④ should have to spend
⑤ would have had to spend

🎓 should have + P.P (과거이루지 못한 사실)

해석 그는 어제 시합에서 승리하기 위한 대비를 위해 많은 시간을 보내야 했지만 그러지 않았다.

34. Choose the one which is incorrect.

① On the third day I visited his house.
② He visited me during I was absent.
③ He looked surprised when I called on him in his office.
④ My father always goes to church on Sunday.
⑤ It was dark when we arrived at Seoul Station.

정답 32. ⑤　 33. ④　 34. ②

전치사(during) + 구, 접속사(while) + 절, during ⇒ while.

35. 다음 글에서 문법적으로 옳지 않은 것은?

① My son has been taught lessons in music by a young lady.
② The English are known as a conservative people.
③ Advantage was taken to her innocence by him.
④ This construction is expected to be completed by this week.
⑤ The girl was seen to play tennis with a friend by us.

③ ⇒ Her innocence was taken advantage of by him으로 고쳐야 옳다.

36. 다음 우리말을 바르게 영작한 것은?

당신은 영어로 의사 전달을 할 수 있습니까?

① Can you make you understand in English?
② Can you make yourself understood by English?
③ Can you make yourself understood in English?
④ Can you make you understand by English?
⑤ Can you make yourself understand in English?

make oneself understood in +언어 : 의사 전달하다.

37. 다음 우리말을 영어로 표현한 것 중 틀린 것은?

① 오늘은 그만 하자. - Let's call it a day.
② 본론으로 들어갑시다. - Let's get to the point.

정답 35. ③   36. ③   37. ⑤

③ 이것이 당신에게 잘 어울립니다. - This goes well with you.
④ 요금이 얼마입니까? - What's the fare?
⑤ 사무실로 전화를 돌려주세요. - Send this call to the office.

> transfer this call to~ : 이 전화를 ~로 돌려주세요.

38. 다음 밑줄 친 단어가 주어진 글의 밑줄 친 부분과 같은 뜻으로 쓰인 것은?

> When my father left the company, the director <u>presented</u> the watch to him.

① When should we <u>present</u> our report?
② How many people were <u>present</u> at the meeting?
③ She <u>presented</u> himself at the party.
④ He <u>presented</u> his back to the audience.
⑤ The secretary general <u>presented</u> a medal to a winner.

> ① 제출하다 ② 출석한 ③ 출석시키다 ④ 보이다 ⑤ 선물하다
> 아버지가 회사를 퇴직하실 때, 이사님이 아버지에게 시계를 <u>선물하셨다</u>.

39. Choose the one of the followings and complete the sentence.

> Even when he was very ill he continued with his work, his manner betraying no hint of his _____.

① affluence   ② frugality
③ prudence   ④ pretension
⑤ sufferings

정답) 38. ⑤ 39. ⑤

affluence 부요함 / frugality 검소함 / prudence 신중함 / pretension 인체함 / suffering 고통

그가 아플 때조차 그는 일을 계속했으며, 그의 태도는 자신의 고통의 조짐을 드러내지 않았다.

40. 다음 밑줄 친 부분과 같은 의미인 것은?

The driver tried to <u>avert</u> the accident by bringing the car to a sudden stop.

① cause
② affect
③ control
④ prevent
⑤ eliminate

avert 피하다 / affect 영향을 주다. / eliminate 제거하다

운전자가 자동차를 갑자기 세워서 사고를 피하려 했다.

40. ④

제 15회 적중예상문제

01. 다음 빈칸에 들어갈 알맞은 단어는?

> A : What do you want me to do?
> B : The radio is too loud, please turn it _____.

① down   ② out
③ up   ④ on
⑤ over

> turn down - 소리를 줄이다. 거절하다
> turn up - 소리를 올리다
> turn out - 판명나다

02. 다음 중 적당하지 않은 구문은?

> _____ water and air, animals and plants would have disappeared.

① without   ② If it had not been for
③ But for   ④ Had it not been for
⑤ If there had not been for

> without = but for = If it had not been for = If there had not been.
> 가정법 과거완료.

정답 01. ①   02. ⑤

03. 다음 각 문장 중 어법상 어색한 것을 고르면?

① Her behavior leaves nothing to be desired.
② This is the house in which I lived in my early days.
③ This is the project that which must be completed within two years.
④ I enjoyed watching him skate.
⑤ Who will look after the house in his absence?

③ 관계대명사 which의 선행사는 the project가 되며 that은 관계대명사로 쓰여 which와 중복되어 생략해야 한다.

① 그녀의 행동은 더 이상 바랄게 없다.
② 이곳은 내가 어린 시절에 살던 집이다.
③ 이것은 2년 내로 끝내야 하는 프로젝트다.
④ 나는 그가 스케이트 타는 것을 보는 걸 좋아했다.
⑤ 그가 없는 사이 누가 그 집을 돌볼까?

04. 다음 문장 가운데 어법상 옳은 것은?

① The prisoner was hung for murder.
② He is resembled by his father.
③ I am very interested in music.
④ The nice house is had him.
⑤ She is not become by this dress.

① was hanged(교수형에 처해지다)
② resembles(상태 동사는 수동태를 할 수 없음)
④ The nice house belongs to him.
⑤ This dress does not become her.(이 옷은 그녀에게 어울리지 않는다)

05. 다음 중 문법적으로 알맞지 않은 문장은?

① The claim that Jack had defrauded the lady was made in an open court.

② Harry took it for granted that Pete would win the race.
③ That Alice has flat feet is believed by John.
④ George hopes her to pass the test soon .
⑤ Fred persuaded Alice to be cautious.

① defraud(사취하다)
② take it for granted that(당연히 여기다)
③ 존은 앨리스가 평발이라고 믿고 있다.
④ hope는 that 절을 사용, want +목적어+to+v.
⑤ persuade + 목적어 + to + v

06. 다음 글에서 필자의 민주주의에 대한 생각은?

> Some people will say that there are many flaws in democratic government. Surely there are. But the fact remains that nothing so far achieved in government works so well for the greatest number and depends so little upon force as democratic systems.

① indifferent ② aggressive
③ positive   ④ negative
⑤ sarcastic

flaw 결함 / democratic 민주적인 / so far 지금까지 / indifferent 무관심한 / aggressive 공격적인 / positive 긍정적 / negative 부정적인 / sarcastic 냉소적인

일부사람들은 민주정부에는 많은 결함이 있다고 말하고 있다. 분명히 있다. 하지만 정부 일에 있어서 민주정부만큼 최대다수를 위해 지금까지 잘 성취된 것이나 그렇게 무력에 덜 의존하는 것도 없다는 사실은 존재한다.

07. 다음 우리말을 영어로 옮긴 것 중에서 잘못된 것은?

> 그가 외출을 하자, 비가 내리기 시작했다.

① He had hardly gone out when it began to rain.
② As soon as he went out, it began to rain.
③ The moment he went out, it began to rain.
④ Scarcely he had gone out before it began to rain.
⑤ He had no sooner gone out than it began to rain.

④ Scarcely had he gone out before it began to rain.

08. 다음 밑줄 친 부분에 들어갈 내용으로 알맞은 것은?

The student depended upon _____.

① whoever was willing to assist him.
② whoever was willing to assist him.
③ whoever will assist him.
④ whoever he wanted to assist.
⑤ whomever was willing to assist him.

whoever = anyone who (주격복합관계대명사)
시제일치 ⇒ 과거

09. 다음 글의 밑줄 친 부분에 들어갈 알맞은 것은?

Action compelled by either irresistible force or threat against which there is no other way to protect the life or body of the compelled person or his _____ from injuries shall not be punishable.

① parents   ② brothers
③ relatives   ④ sisters
⑤ society

08. ②   09. ③

> irresistible 거부할 수가 없는 / compell 강요하다, ~하게 만들다 / injury 부상, 상처 / punishable 처벌할 수 있는

[해석] 저항할 수 없는 폭력이나 자기 또는 친족의 생명, 신체에 대한 유해를 방어할 방법이 없는 협박에 의하여 강요된 행위는 벌하지 않는다.

10.

(A) Her parents <u>coerced</u> her into marrying the man.
(B) The children were <u>captivated</u> by the story.

	(A)	(B)		(A)	(B)
①	intimidated	twisted	②	altered	judged
③	edified	scolded	④	compelled	charmed
⑤	fostered	referred			

> coerce 강요하다(= compel, force, urge) / scold 꾸짖다. / twist 비틀다 / captivate(= charm, lure, tempt) 유혹하다 / intimidate 위협하다. / alter 변경하다 / edify 고취시키다 / foster 조성하다.

[해석] 그녀의 부모는 그녀에게 그 남자와 결혼하도록 강요했다.

11. 다음 중 빈칸에 들어갈 단어로 알맞은 것은?

When a curtain goes paler because it is old, the color has _____.

① vanished ② faded
③ melted   ④ dissolved
⑤ disappeared

> vanish 사라지다 / fade 희미해지다 / dissolve 용해하다.

[정답] 10. ④ 11. ② 12. ④

12. 다음 중 뜻풀이가 잘못된 것은?

① spectator : a person who watches a show, game, sport, etc.
② tissue : the material that the bodies of animals and plants are made of
③ sentimental : showing gentle feelings such as sympathy, love, happy memories, etc.
④ prehistoric : of the time after history was written down
⑤ festival : a day or time when people celebrate something

 spectator 구경꾼 / tissue 조직 / sentimental 감상적인 / prehistoric 역사이전의
④ posthistoric

13. 다음 밑줄 친 곳의 표현을 (　)의 말로 바꾼 것이다. 잘못된 것은?

① A policeman came down heavily on young criminals. (=scolded)
② We arrived there to the minute. (=instantly)
③ The apartment is very conveniently laid out. (=designed)
④ Translate next page word for word. (=literally)
⑤ The baby's crying gets on his nerves. (=irritates)

 to the minute 정각에 / instantly 즉시
① 경찰이 젊은 범죄자들을 심하게 꾸짖었다.
② 우리는 정각에 거기에 도달했다.
③ 그 아파트는 편리하게 설계되었다.
④ 다음 페이지를 문자 그대로 해석하라.
⑤ 어린애의 울음이 그를 짜증나게 했다.

14. 밑줄 친 부분과 의미가 가장 가까운 것은?

He is considering a program that would edify his students.

13. ② 14. ④

① teaching   ② transplanting
③ learning   ④ contemplating
⑤ closing

> contemplate 계획하다, 심사숙고하다 / considering 숙고하다, 고려하다 / transplanting 옮겨 심다

> 그는 그의 학생들을 고쳐 시킬 프로그램을 고려하고 있다.

15. 다음의 빈칸에 들어갈 내용으로 옳은 것은?

> It's hard to _____ in a car when the streets are very crowded.

① get ahead   ② go through
③ get around   ④ go without
⑤ get at

> get ahead 성공하다 / get at 도달하다 / get around 극복하다. / go without 없이 지내다 / go through 빠져나가다.

> 도로가 혼잡할 때 자동차로 빠져나가기가 어렵다.

16. Choose the best paraphrase of the underlined part.

> We started at once ; <u>otherwise</u> we would have been late for the concert.

① If we didn't start at once
② If we might start at once
③ If we have not started at once
④ If we had not started at once
⑤ If we might not have started at once

정답 15. ②   16. ④   17. ③

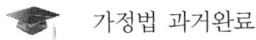 가정법 과거완료

해석 우리는 즉시 출발했다; 그렇지 않았더라면 콘서트에 늦었을 터인데.

17. 다음 문장 중에서 문법적으로 어색한 것은?

① I am not rich, nor do I wish to be.
② He said that I must be careful.
③ I was used to go to the cinema once a week
④ Make haste lest you should miss the train.
⑤ He told me that the report must be true.

③ was used to ⇒ used to(~하곤 했다.)

18. 다음 중 올바른 문장을 고르면?

① He finished to write the paper by the time she came back.
② He neither speaks English nor French.
③ I have read the two first chapters.
④ Never I dreamed that I would succeed in it.
⑤ Butter is sold by pound.

① had finished writing　③ the first two
④ did I dream　　　　　⑤ by the pound.

19. 다음 글을 가장 바르게 영작한 것은?

| 그녀는 사진이 잘 찍힌다. |

정답　18. ②　19. ⑤

① She is taking good photography.
② She is a good photographer.
③ She is making a picture well.
④ She takes good picture.
⑤ She photographs well.

photograph = be photogenic 사진이 잘나오다.

20. 다음 빈칸에 들어갈 단어로 알맞은 것은?

> His _____ directions misled us ; we did not know which of the two roads to take.

① arbitrary   ② ambiguous

③ complicated   ④ narrow

⑤ suitable

  arbitrary 임의의 / ambiguous 애매한 / complicate 복잡한 / suitable 적합한

  그의 애매한 방향에 대한 그릇된 판단은 우리를 오도했다. 두 길 중에서 어느 쪽을 택해야 할지 몰랐다.

21. 다음 글의 밑줄 친 부분과 같은 의미를 나타내는 것은?

> We should always <u>acknowledge</u> gifts promptly.

① admit the truth of   ② express thanks for
③ show recognition of   ④ accept the existence of
⑤ state the receiving

정답 20. ②   21. ②

acknowledge 인정하다, 고맙게 여기다 / promptly 신속하게, 즉석에서

해석 깜짝 선물은 언제나 고맙다.

22. 다음 글을 통해 제작자가 의도한 것과 비평가가 설명한 것이 바르게 짝지어진 것은?

> A prominent New York theater critic was leaving the theater after a Broadway opening and met the producer in the lobby. The latter took one look at the critic's suit, which was rumpled as usual and said with some annoyance :
> "That's a fine way to dress for my opening, your suit looks as if it had been slept in."
> "Since you mention it" he replied, "I just woke up."

	[연출자]	[비평가]
①	연극공연이 아주 지루했다	극장의 의자가 편안했다
②	연극공연이 아주 잘 되었다	연극을 제대로 감상하지 못했다
③	옷차림이 아주 형편없다	연극공연이 아주 지루했다
④	극장의 의자가 편안했다	옷차림이 아주 형편없다
⑤	옷차림이 아주 훌륭했다	연극공연이 아주 훌륭했다

해석 뉴욕의 한 저명한 연극 비평가가 브로드웨이 공연 첫 회를 보고 나오다가 로비에서 연출자를 만났다. 연출자는 비평가의 늘 그렇듯이 구겨진 옷을 힐끗 보고서는 약간 화난 어조로 말했다.
"내 연극공연 첫날에 저렇게 옷을 입다니, 당신 옷은 마치 입고 잠을 잔 것처럼 보이는군요."

prominent 저명한 / critic 비평가 / lobby 로비, 홀 / rumpled 구겨진 / annoyance 괴롭히기, 성가심 / with some annoyance 약간 화가 나서
위 글에서 연출자(producer)는 '내 연극에 첫날부터 성의 없는 옷차림으로 와서 기분 나쁘다'라는 말투이고, 비평가(critic)는 '말을 하지 않으려 했는데 기회가 되었으니 말인데 연극이 잠이 올만큼 지루했다'라는 표현이다.

 22. ⑤

23.

Don't <u>make light of</u> what your brother has accomplished as a service to the public.

① lighten ② explain
③ praise   ④ despise
⑤ imitate

> make light of 경시하다(= despise=ignore)

24.

Some political analysts think that the power of Europe is seriously <u>on the wane</u>.

① forgotten   ② stabilizing
③ dwindling   ④ old-fashioned
⑤ increased

> on the wane 이울다. 줄어들다(= dwindle. stabilize 안정시키다)

25. 다음의 빈칸에 공통으로 들어갈 알맞은 전치사는?

- He fainted and it was half an hour before he came _____ himself.
- I was frozen _____ the bone.

① of   ② to
③ for   ④ with
⑤ from

정답 22. ③ 23. ④ 24. ③ 25. ②

🎓 come to oneself 의식을 회복하다 / be frozen to 얼다.

해석 그는 기절했고 의식을 회복하는 데 30분이 걸렸다.
나는 뼈 속까지 얼었다.

26. 다음 밑줄 친 부분 중 어법상 가장 어색한 것은?

> Don't let children ① <u>take</u> ② <u>too much</u> sweet food. It will make them ③ <u>lose</u> ④ <u>its</u> appetite for other necessary ⑤ <u>foods</u>.

🎓 appetite 식욕
④ its는 내용상 앞의 them을 소유격으로 받고 있고 them의 소유격은 their이다.

해석 아이들이 많이 단 것을 너무 먹게 하지 마시오. 그것은 다른 필수 식품에 대한 식욕을 떨어뜨릴 것이다.

27. 다음 빈칸에 들어갈 어구로 알맞은 것은?

> Since I left in such a hurry leaving all my household belongings in the old house, I had to buy _____.

① some furnitures   ② many new furnitures
③ much new furniture   ④ much new furnitures
⑤ many new furniture

🎓 단수 취급하는 집합명사 : furniture, clothing, merchandise, luggage
수 : a piece of furniture
양 : (little, some, much)furniture.

정답 26. ④   27. ③

28. 다음 중 어법상 옳지 않은 것은?

① All my class have improved in English.
② Two-thirds of the area has been damaged by the recent typhoon.
③ Ham and eggs is my favorite breakfast.
④ The English is such a practical people that they are sometimes called a nation of shopkeepers.
⑤ Some of the people at the party were very friendly.

① class는 집단을 의미할 때는 단수취급, 집단의 구성원을 의미할 때는 복수취급 한다.
② the area가 단수이므로 has를 사용한다.
③ 음식이름은 단수취급 한다.
④ the English는 '영국 사람들'의 의미로 복수취급 하므로 is가 아닌 are로 하여야 옳다.
⑤ people이 복수이므로 were가 옳다.

① 나의 반 학생들 모두 영어가 향상되었다.
② 그 지역의 3분의 2가 최근의 태풍으로 피해를 입었다.
③ 햄과 달걀은 내가 좋아하는 아침 식사다.
④ 영국 사람들은 대단히 실용적인 사람들이어서 그들은 장사꾼의 국민이라고 불리기도 한다.
⑤ 파티에서의 일부 사람들은 매우 친절했다.

29. 다음 빈칸에 들어갈 내용으로 알맞은 것은?

You will be punished if you _____ against law.

① demand ② obey
③ desire ④ invade
⑤ offend

demand 요구하다 / invade 침략하다 / offend 위반하다, 화나게 하다.

만일 당신이 반복하여 법을 위반한다면 처벌을 받게 될 것이다.

정답 28. ④ 29. ⑤

30. "사람은 아무리 나이를 먹어도 배울 수 있다." 를 올바르게 영작한 것은?

① No one is so old but he may learn.
② No one is so old but he may not learn.
③ Anyone can not be so old but he may learn.
④ Anyone cannot be so old that he may learn.
⑤ No one is so old that he may learn.

　too ~ to = so ~ that ~ cannot : ~해서 ~할 수 없다
not too ~ to = not so ~ that ~ cannot (may not) : ~할 수 없을 정도로 ~하지 않다.
No one so old that he may not learn = No one so old but he may learn.

31. 다음 대화의 밑줄 친 부분의 의미를 알맞게 표현한 것은?

A : Why is she in such a bad mood?
B : Well, it seems <u>she's been stood up</u>.

① she has worked without pay　② someone has stood her up.
③ someone has told her a lie　④ someone made a pass at her
⑤ someone has not showed up

　stand up 바람맞히다.

　A : 왜 그녀가 기분이 우울해?
B : 글쎄, 그녀가 바람맞은 것 같아.

32. 다음 _____ 에 들어갈 가장 적절한 것은?

Most people believe that things will turn out all right, but, some in fact, are still _____.

정답 30. ① 31. ② 32. ③

① passionate ② enthusiastic
③ skeptical ④ credulous
⑤ optimistic

> passionate 열정적인 / enthusiastic 열광적인 / skeptical 회의적인 / credulous 잘 속아넘어가는 / optimistic 낙천적인

> 대부분 사람들은 일이 잘 될 거라고 믿고 있지만, 일부 사람은 실제로 아직도 <u>회의적</u>이다.

33. 다음 빈칸에 들어갈 알맞은 말은?

> Since she felt that the tragedy was _____, she ascribed its cause to fate.

① justified ② unavoidable
③ irrelevant ④ poignant
⑤ tenacious

> ascribe(attribute, impute) A to B = A를 B 탓으로 돌이다. / fate 운명 / justify 정당화하다 / unavoidable 피할 수 없는 / irrelevant 관련 없는 / poignant 실랄한 / tenacious 강인한

> 그녀는 비극이 <u>피할 수 없는</u> 것으로 생각했기에, 그녀는 그 원인을 운명 탓으로 돌렸다.

※ 다음 글의 밑줄 친 부분과 바꿔 쓸 수 있는 것을 고르시오. (34~37)

34.

> Some chose to assume that evolution was <u>synonymous</u> with progress.

① synthetic ② counterpart
③ antecedent ④ equivalent
⑤ prosperous

정답 33. ② 34. ④

synonymous 동의어의 / synthetic 합성의 / counterfeit 모조품 / unanimous 만장일치의 / tantamount 동일한, 상응하는 / prosperous 번창하는 / equivalent 동등한

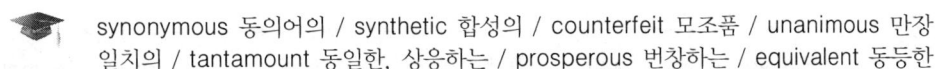 일부사람들은 진화는 발전과 동의어로 여기고 싶어 했다.

35.

Young women who participate in beauty contests are helping to keep alive an outdated view of women : that a woman's most important property is how she looks.

① aspect   ② characteristic
③ asset   ④ ingredient
⑤ weapon

 property 재산, 특성 / aspect 일면 / asset 재산 / ingredient 구성성분

미인대회에 참가하는 젊은여성은 구시대의 여성관을 소생시키는데 일조를 하고 있다: 여성의 가장 중요한 자산은 외모라는 것이다.

36.

We cannot set at naught what the lady said about it.

① tolerate   ② ignore
③ accept   ④ trust
⑤ bring all for naught

set at naught = ignore 무시하다 / tolerate 참다 / bring all for naught 무효로 하다.

 35. ③   36. ②

37.

Experts predict that by 2025 gas and oil prices will quadruple in real terms.

① nominally
② substantially
③ on the right conditions
④ in the exact fiscal periods
⑤ in the real sense of the technical terminology

 quadruple 4배 / triple 3배 / twice 2배 / in real term = substantially 실제적으로

38. 다음 중 같은 종류끼리 묶이지 않은 것은?

① region, district, province, zone
② scent, perfume, fragrance, odor
③ predict, foretell, forecast, prophesy
④ attract, lure, tempt, annoy
⑤ company, companion, comrade, colleague

① 지역
② 냄새 scent, perfume, fragrance 향기 / odor 악취
③ 예언하다.
④ 유혹하다(=captivate, seduce, entice, coax, wheedle) / annoy 짜증나게 하다
⑤ 동료, 친구

※ 다음 대화의 빈칸에 들어갈 알맞은 어구를 고르시오. (39~40)

39.

A : What did you do yesterday?
B : I spent most of my time doing something urgent. The roof my house needed _____.

 37. ② 38. ④ 39. ③

① to repair   ② being repaired
③ repairing   ④ to being repair
⑤ of repairs

 need, want + 능동형동명사 = 수동의 의미.
need to be repaired = need repairing
repair 수리

40.

A : Do you like the Chinese food served in American restaurants?
B : It's not bad but I prefer _____.

① Chinese food authentically   ② Chinese authentic food
③ food Chinese authentic   ④ authentic Chinese food
⑤ authentically Chinese food

 prefer A to B : B보다 A를 더 좋아하다.

해석 A : 미국식당에서 제공되는 중국음식을 좋아하세요?
B : 그저 그래요, 하지만 나는 진짜 중국음식을 더 좋아해요.

정답 40. ④

기출문제

- 서울도시철도공사 9급(1995. 12. 17. 시행)
- 서울지하철공사 6급(1996. 6. 2. 시행)
- 서울도시철도공사 9급(1997. 7. 27. 시행)
- 한국철도공사 9급(1998. 5. 31. 시행)
- 한국철도공사 9급(1998. 12. 20. 시행)
- 인천지하철공사 9급(1999. 1. 9. 시행)
- 인천지하철공사 9급(1999. 4. 10. 시행)
- 인천지하철공사 9급(2000. 5. 21. 시행)

 (1995. 12. 17. 시행) 서울도시철도공사 9급

01. 다음 중 표현이 옳지 않은 것은?
① 매표소 : Ticket Office
② 출입금지 : Off limits
③ 고장나다 : Out of order
④ 면회사절 : Hands off

 ④ → 손대지 마세요.
면회사절 : ㉠ No visitors(allowed) ㉡ Do not disturb

02. 다음 단어들이 설명하는 것으로 옳지 않은 것은?
① pacific : peaceful or making peace.
② queen : woman who rules a country as its monarch.
③ cooker : person who cooks food.
④ continent : one of the main land masses like Europe, Asia, Africa, etc.

 ③ cooker → cook

03. 다음 주어진 문장의 밑줄 친 부분과 같은 뜻인 것은?

Quite a few students were absent yesterday.

① few
② only a few
③ not very many
④ many

 quite a few = many = not a few(많은) = a number of = a lot of = lots of

정답 01. ④ 02. ③ 03. ④

04. 다음의 우리글을 영작한 것으로 가장 옳은 것은?

> "당신의 나이는 몇 살입니까?"

① How is your age? ② How are you old?
③ What is your age? ④ What old are you?

 What's your age = How old are you

05. 다음 문장의 밑줄 친 부분과 의미가 같은 것은?

> But for the money, I could not have bought that book.

① Without ② Were it not for
③ It had not been for ④ If it were not for

 But for = Without
If it were not for ~ (가정법 과거)
If it had not been for ~ (가정법 과거완료)
③ Had it not been for ~

06. 다음 문장의 밑줄 친 부분과 바꿔 쓸 수 있는 것은?

> He is very polite, while he does not study hard.

① as soon as ② whereas
③ in other words ④ when

 While = Whereas (반면에)

해석 그는 매우 공손하다. 반면에 공부를 열심히 하지 않는다.

정답 04. ③ 05. ① 06. ②

07. 다음 문장의 밑줄 친 부분이 뜻하는 것으로 가장 가까운 것은?

We have to revive <u>enterprises</u> to manage company efficiently.

① 진취적인 정신 ② 공장
③ 거래 ④ 생산

해석 우리는 회사를 효율적으로 경영하기 위하여 <u>진취적 정신</u>을 소생시켜야 한다.

08. 다음 문장의 밑줄 친 부분과 바꿔 쓸 수 있는 것은?

The number of stars in the American national flag <u>is symbolic of</u> the federal states.

① means ② resigns
③ find ④ connect

해석 미국 성조기의 별의 수는 연방 주를 <u>상징</u>하고 있다.
① 의미하다 ② 사임하다 ④ 연결시키다

09. 다음 문장의 밑줄 친 부분이 의미하는 것은?

We should solve <u>the problem of pollution</u> for the next generation.

① 경제문제 ② 핵무기 문제
③ 군사문제 ④ 오염문제

해석 우리는 다음 세대를 위해 <u>오염문제</u>를 해결해야 한다.

정답 07. ① 08. ① 09. ④

10. 다음 전화상 표현으로 옳지 않은 것은?

① 전화를 잘못 거셨습니다. ⇒ I'm sorry. You have the wrong number.
② 전화를 끊지 말고 기다리세요. ⇒ Hold on a minute.
③ 통화중입니다. ⇒ The line is crossed.
④ 누구를 바꿔 드릴까요. ⇒ Who do you wish to speak to?

③ The line is busy

11. 다음 밑줄 친 부분과 발음이 같은 것은?

e<u>x</u>ecutive

① e<u>x</u>aggerate   ② e<u>x</u>hibition
③ lu<u>x</u>ury   ④ e<u>x</u>cess

executive[ig]
① [ig] : 과장하다 ② [ek] : 전시회 ③ [ks] : 사치 ④ [k] : 지나침, 과다함

12. 다음 우리글을 영어로 표현한 것으로 적당한 것은?

"그녀는 프랑스말로 의사소통을 할 수 없었다."

① She could not understand French.
② She could not make herself understood in French.
③ She doesn't understand herself in French.
④ She could not speak French for herself.

make oneself understood : 의사 소통하다

정답 10. ③ 11. ① 12. ②

13. 다음 중 A와 B와 두 대화의 연결이 옳지 않은 것은?

① A : I'm much obliged to you.
　B : Don't mention it.
② A : May I ask a favor of you?
　B : Yes, of course. What is it?
③ A : I'm very sorry to have kept you waiting.
　B : You are quite welcome.
④ A : Pass me the salt, please.
　B : Here it is.

 ③ B → That's OK.

 ① A : 감사합니다.
　　B : 천만에요
② A : 부탁하나 해도 될까요?
　　B : 예, 무엇입니까?
③ A : 기다리게 해서 죄송합니다.
　　B : 괜찮아요.
④ A : 소금 좀 건네주세요.
　　B : 여기 있어요.

14. 다음 문장은 어떤 단어를 설명한 것인가?

> A person who travels to places about which very little is known, in order to discover what is there.

① traveler　　　　② conqueror
③ explorer　　　　④ wanderer

 무엇을 발견하기 위해 거의 알려진 것이 없는 곳에 여행하는 사람
① 여행가　② 정복자　③ 탐험가　④ 방랑자

15. 다음 A와 B의 대화 중 밑줄 친 부분에 들어갈 말로 적당한 것은?

> (On the street)
> A : "How long does it take to walk to the post office from here?"
> B : _____

① About two blocks.　　② Why don't you catch taxi?
③ You can't miss it.　　④ About thirty minutes.

 A : 여기서 우체국까지 걸어서 얼마나 시간이 걸리나요?
　　　B : 약 30분 정도

16. 다음 문장의 밑줄 친 부분과 같은 뜻으로 쓰인 것은?

> The <u>complicated</u> computer requires a skilled operator.

① simplified　　　　② efficient
③ intricate　　　　 ④ duplicate

complicated = intricate = complex ⓐ 복잡한
① 단순함 ② 효율적인 ④ 복제된

17. 다음 주어진 문장의 빈칸에 들어갈 적당한 말은?

> • Tell Jack _____ you want him to do.
> • _____ is beautiful is not always good.

① who　　　　② how
③ what　　　 ④ why

what - 관계대명사

정답　15. ④　16. ③　17. ③

• 잭에게 너가 그에게 원하는 것을 말해봐
• 아름다운 것이 항상 좋은 것은 아니다.

18. Choose the suitable word or phrase as the underlined part?

There are <u>exotic</u> goods in this department store.

① expensive ② ordinary
③ foreign   ④ credible

> exotic ⓐ 이국적인
> ① 비싼 ② 보통의 ④ 믿을 수 있는

19. 다음 문장의 빈칸에 알맞은 표현은?

The husband of you sister is your (   ).

① sister - In - law   ② bridegroom
③ brother - in - law ④ father - in - law

> 누이의 남편은 (매형, 매제)
> ① 처제, 처형 ② 신랑 ④ 시아버지

20. 다음 설명이 나타내고 있는 것은?

Any of the class of animals which feed their young with milk from the breast. In general, females give birth to babies than laying eggs.

정답) 18. ③ 19. ③ 20. ③

① poultry   ② beast
③ mammal   ④ fish

> 해석 새끼에게 가슴의 젖을 먹이는 동물들은 보통 암컷이 알을 낳기보단 새끼를 출산한다.
> ① 가금(집에서 기르는 닭·오리 등) ② 짐승 ③ 포유동물 ④ 물고기

21. 다음 문장의 의미와 가장 유사한 것은?

> That is no business of yours.

① That is of importance to you.
② You have no talent for business.
③ Everybody's business is nobody's business.
④ That has nothing to do with you.

> That's no business of yours.
> = That's none of your business.
> = Mind your own business.
>
> 해석 너 일에나 신경써! = 너 알바가 아니야!

22. 다음의 우리말을 영어로 옮긴 것 중 가장 올바른 것은?

① "한국에 오신지 얼마나 되었습니까?"
  ⇒ How long have you lived in Korea?
② "앉으십시오."
  ⇒ Please be seating.
③ "다시 한 번 말씀해 주시겠습니까?"(상대방의 말을 알아듣지 못했을 때)
  ⇒ It is difficult to understand what you said."
④ "오래 기다리게 해서 죄송합니다."
  ⇒ I'm sorry I have kept you waiting so long.

정답 21. ④ 22. ④

① How long have you been in Korea?
② Please be seated = Seat yourself, please. = Sit down, please.
③ I beg your pardon?

23. 다음 밑줄 친 부분과 같은 뜻을 나태낸 것은 어느 것인가?

> In spite of his failure he didn't <u>lose his heart</u>.

① fall ill
② get angry
③ become discouraged
④ get bold

 실패에도 불구하고 그는 상심하지 않았다.
① 병에 걸리다 ② 화나다 ④ 대담해지다

24. "지금 몇 시입니까?"를 영어로 표현할 때 어색한 것은?

① What time is it now?
② What's the time now?
③ Do you have the time?
④ Do you have time?

 ④ 시간 있으세요? = Are you free?

25. Who is <u>this person</u>?

> <u>This person</u> receives, or has the right to receive the title, property, etc. of another person when he dies.

① an heir
② a relative
③ a volunteer
④ an agent

 23. ③ 24. ③ 25. ①

property 재산, 자산

①상속인 ②친척 ③지원자 ④요원(중개인)

26. Choose the most suitable one for the blank?

I wish Liz would drive us to the airport but she has ____ to take us all.

① too small a car
② very small a car
③ such small a car
④ a too small car

too ~ to : ~해서 ~할 수 없다.
어순 : too + 형 + 부정관사 + ⓝ

우리 모두를 데려다 주기에는 자동차가 너무 작다.

27. 다음 대화에서 빈곳에 들어갈 내용으로 가장 적당한 것은?

"Where are you going to?"
"I'm going to the _____."

① book's stores
② book's store
③ books store
④ book store

book store 서점 / shoe store 신발가게
명사 + 명사에서 앞에 명사는 단수형

28. Two sentences are the same in meaning. Choose the suitable word for the blank?

> He is in the habit of keeping early hours.
> "He makes _____ a rule to keep early hours."

① one ② himself
③ him ④ it

make it a rule + to + v ~ 하는 것을 규칙으로 하고 있다.
keep early hours : 일찍 자고 일찍 일어나다.

29. 다음 A와 B의 대화를 완성하시오.

> A : I won't be able to go fishing this weekend.
> B : _____.

① So will I. ② So won't I.
③ I won't, too. ④ Neither will I.

나도 역시 : 부정문 → Neither will I
        긍정문 → So will I

30. 다음 영문 중 가장 올바른 문장은?

① I had my car stolen. ② I had my car steal.
③ I was stolen by my car. ④ I was my car to be stolen.

사역동사(have, get) + o + p.p

자동차를 도둑 맞았다.

31. 다음 낱말의 풀이로 옳은 것은?

> self-confidence

① control of one's own feeling, behaviour, etc.
② humiliation of oneself.
③ use of one's own powers to achieve success, etc.
④ belief in one's own abilities.

　　🎓　self-confidence 자신감

32. 다음 문장과 동일한 표현이 아닌 것은?

> He supplies the students with books.

① He provides the students with books.
② He furnishes the students with books.
③ He supplies books for the students.
④ The students are provided for books.

　　🎓　supply A with B : A에게 B를 제공하다
　　　　④ for → with

33. 다음 문장의 밑줄 친 부분에 들어갈 내용으로 가장 적당한 것은?

> Mr. Kim has a good _____ of the English language.

① grades　　　　　　② practice
③ command　　　　　④ leam

정답　31. ④　32. ④　33. ③

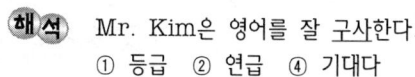 Mr. Kim은 영어를 잘 구사한다.
① 등급 ② 연금 ④ 기대다

34. 다음 속담과 뜻이 같은 것은?

> Honesty is the best policy.

① Cheats never prosper.
② Prevention is better than cure.
③ Necessity knows no law.
④ There is no royal road to learning.

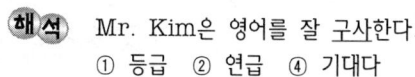 정직이 최고의 정책이다.
① 부정은 결코 번창할 수 없다.
② 예방이 치료보다 낫다.
③ 필요하면 법을 모른다.
④ 학문에는 왕도가 없다.

35. 다음 문장의 밑줄 친 부분에 들어갈 내용으로 가장 적당한 것은?

> The price of the book was ＿＿＿.

① high   ② dear
③ expensive   ④ highly

The price of the book was high(low).
　　s
The book was expensive(cheap).
　s

서울지하철공사(현 서울메트로) 6급
(1996. 6. 2. 시행)

01. Choose the correct one.

① The doctor advised me to no smoke.
② No sooner had I left home it began to rain.
③ You have white something on your face.
④ I prefer flying than going by train.

① advised me not to smoke(to부정사를 부정할 경우에는 to부정사 앞에 not이 와야 한다)
③ something white (부정대명사 + 형용사)
④ prefer A to B (B보다 A를 좋아하다), than → to

02. Choose the best one for this Korean expression.

> A : 당신은 그들이 무엇을 하고 있다고 생각합니까?
> B : I think they are doing homework.

① What do you think they are doing?
② Do you think what they are doing?
③ Do you think what are they doing?
④ What do you think are they doing?

의문사 + 생각 Ⓥ (think, believe, guess…) + S + V

정답 01. ② 02. ①

03. Choose the most unsuitable thing for the underlined.

A : I'm having some trouble with English.
B : Maybe I could help you out with that.
A : Do you really think you can?
B : _____. No problem.

① I'd be glad to help you
② Sure
③ Think nothing of it
④ You bet!

 Think nothing of it → 감사에 대한 응답

 A : 난 영어에 어려움이 약간 있어.
B : 내가 도와줄 수 있어.
A : 정말 그렇게 해줄 수 있는 거야?
B : 천만에, 문제없어.
① 도울 수 있어 기뻐 ② 물론 ③ 천만에(=not at all) ④ 정말

04. Two sentences are the same in meaning. Choose the suitable one in the blank.

The battery needs changing.
=The battery needs _____.

① being change
② to change
③ changed
④ to be changed.

 battery가 교환될 필요 있다. → want, need + 능동형 동명사 ⇒ 수동의 의미

05. Choose the incorrect one.
① 출입금지 : No Admittance ② 깨지기 쉬움 : Fragile
③ 손대지 마시오 : Hands out ④ 면회사절 : Don't disturb

③ Hand off : 손대지 마세요, Hand out : 기부하다

06. Choose the right word among the following examples and fill in the underlined.

> Tom is _____ of the two.

① the clever   ② the cleverer
③ cleverer   ④ cleverest

of the two, 이유(구, 절) 앞에서, 비교급 앞에서 정관사(the) 사용.
ex) Tom is cleverer than Harry.
    Tom is the cleverer of the two.

Tom이 둘 중에서 더 현명하다.

07. Choose the incorrect one in reading.
① $\frac{3}{5}$ = three-fifths
② 11시 10분 전 : eleven to ten
③ 1996년 : nineteen ninety-six
④ 제2차 세계대전 : World war two

② → Ten to eleven

정답 05. ③   06. ②   07. ②

08. Choose the one that best completes this passage.

> I was invited to a dinner party recently. I thought it would be okay to dress casually, so I wore jeans and a sweater. When I got there all the guests were dressed up, and _____.

① I had much convenience
② I felt really awkward
③ I refused their offers
④ I broke my promise

invite to : 초대하다 / wear up : 잘 차려 입다

최근에 파티에 초대받았다. 평상복으로 차려 입는 것이 좋겠다고 생각해서 바지와 스웨터를 입었다. 거기 도착했을 때 모든 손님들은 정장차림이었고 그래서 어색함을 느꼈다.

09. Choose the one with the same meaning as the underlined part.

> <u>Reluctantly</u> I decided to swing by the hospital and give him the keys.

① Unwillingly
② continually
③ Naturally
④ Certainly

reluctantly → 마지못해서 (unwillingly)

10. Choose the right number among the following examples and fill the underlined.

> I _____ to learn by heart five words a day.

① make a habit
② have it a habit
③ take a point
④ make it a rule

make it a rule + to + V~ : ~하는 것을 습관으로 하고 있다.
learn by heart ~ 암기하다.

  08. ② 09. ① 10. ④

11. Choose the proper sentence among the following and fill in the underlined.

Without water and air, animals and plants _____.

① would be disappearing ② would have disappeared
③ be disappeared ④ have been disappeared

　가정법 과거완료(If+S+had+p.p ~, S+과거조동사+have+p.p)
　Without=but for=If it had not been for ~

　물과 공기가 없었더라면, 동물과 식물들은 사라져 버렸을 것이다.

12. What does the underlined 'It' mean?

It's a true instrument with lenses for making distant objects appear nearer and larger.

① telephone ② telemeter
③ telescope ④ telegraphy

　먼 물체를 가까이 크게 보이게 만들기 위한 렌즈를 가진 기구
　② 거리측정기 ③ 망원경 ④ 전보

※ Choose the incorrect couple. (13~14)

13. ① agree - disagree ② normal - abnormal
③ regular - inregular ④ understand - misunderstand

　반의어 관계
　③ regular ≠ irregular(불규칙적인) ② 정상적인

정답 11. ② 12. ③ 13. ③

14. ① moral - immoral ② perfect - imperfect
③ legal - illegal ④ accurate - imaccurate

> 반의어 관계
> ④ accurate(정확한) ≠ inaccurate ① 도덕적인 ② 합법적인 ③ 법률의

15. 다음 중 밑줄 친 단어와 동의어는?

> One of my friends, on his first visit to Korea, connected come how <u>astonished</u> he was to see how fashion conscious Koreans wear.

① well-informed ② pleased
③ worried ④ surprised

> astonish - astound = stun - surprise ⓥ 놀라게 하다

16. 다음 중 밑줄 친 곳에 들어갈 알맞은 것은?

> It is difficult _____.

① to restrain his son to study examination for into night
② to keep his son from studying examination for into night
③ to stop his son to study examination for into night
④ to prohibit his son studying examination for into night

> ㉠ 금지동사 (prevent, stop, keep, prohibit, deter…) + O + from ~ ing : ~하지 못하게 하다
> ㉡ 장려동사(encourage, allow, force, advise, order…) + O + to + V
> ㉢ 예외 : forbid + o + to + v(~하지 못하게 명령하다)

 14. ④ 15. ④ 16. ②

17. 다음 밑줄 친 부분과 같은 뜻을 가진 것은?

You don't have to go to work today.

① must not ② need not
③ should not ④ can not

don't have to = need not(~할 필요 없다.)

18. 다음 중 밑줄 친 부분에 들어갈 내용으로 알맞은 것은?

It _____ long before summer comes.

① will not be ② will not have
③ has not been ④ will not have been

It will not be long before : 머지않아 = soon

해석 머지않아 곧 여름이 올 것이다.

19. 다음 밑줄 친 부분과 같은 뜻을 가진 것은?

The children set out on a trip.

① start ② erected
③ made up ④ established

set out = start(출발하다)
② 세우다 ③ 만들다, 꾸미다 ④ 설립하다

정답 17.② 18.① 19.①

20. 다음 중 밑줄 친 부분에 들어갈 알맞은 단어는?

> I watch many games _____ TV.

① at   ② on
③ with   ④ from

🎓 on TV : TV를 통해서

정답 20. ②

 (1997. 7. 27. 시행) 서울도시철도공사 9급

※ 다음 밑줄 친 부분과 뜻이 같은 것을 고르시오. (01~10)

01.
The machine has been <u>out of order</u> since last month.

① broken　　　　　　② operating
③ outside　　　　　　④ out for repairs

 out of order = broken 고장난

02.
As a teacher of youth, he was very <u>skillful</u> and equally appreciated by parents and pupils.

① lacking　　　　　　② basic
③ wonderful　　　　　④ expert

 skillful = expert 능숙한, 노련한

03.
The museum was <u>founded</u> in 1934.

① proposed　　　　　② located
③ recovered　　　　　④ established

 정답　01. ①　02. ④　03. ④

┌ find-found-found 찾다
└ found-founded-founded 설립하다 = establish

해석 그 박물관은 1934년에 설립되었다.

04.
Nobody can make sense of what he says.

① believe ② expert
③ understand ④ agree with

 타동사 + 명사 + 전치사 = 타동사구
make sense of = understand 이해하다

05.
Be careful with the lamp : it's fragile.

① dangerous ② breakable
③ broken ④ fluid

fragile = breakable 망가지기 쉬운, 깨지기 쉬운

06.
I couldn't sleep in spite of being tired.

① although ② but
③ in case ④ despite

 In spite of : ~에도 불구하고, ~을 무릅 쓰고 = despite

정답 04. ③ 05. ② 06. ④

07.

The population of my country is <u>roughly</u> 5 million.

① readily   ② ideally
③ approximately   ④ definitely

> roughly = approximately 대략

> 우리나라의 인구는 대략 5백만 명이다.

08.

Do you have nay <u>prohibited</u> articles to declare for customs?

① forbidden   ② tolerated
③ planned   ④ inherited

> prohibit 금지하다 = forbid

09.

It was after dark when we got back, and we were all <u>exhausted</u>.

① exercised   ② sleepy
③ tired   ④ excused

> exhaust 지쳐버리다, 피로하다 = tire

10.

Helen says she cannot <u>do without</u> fancy articles.

정답 07. ③   08. ①   09. ③   10. ③

① take advantage of ② make use of
③ dispense with ④ put aside

🎓 article 용품, 한 품목 / do without ~없이 때우다(we can't do without books, can we? = 우리는 책 없이 지낼 수 있을까?) = dispense with

해석 ① ~을 이용하다 ② ~을 사용하다 ④ ~을 제쳐놓다, 그만두다

※ Choose the one word to fill in the blank. (11~20)

11. I have a reason for going to Seoul ____ train.

① for ② on
③ with ④ by

🎓 교통수단의 표시로는 by를 쓴다.

12. Mrs. Jones is always worrying ____ her children.

① for ② about
③ since ④ on

🎓 worry about ~에 대하여 걱정하다.

13. I consider him ____ a hero.

① as ② by
③ for ④ to

정답 11. ④ 12. ② 13. ①

consider A as B : A를 B로 간주하다.

14.

The two men robbed the woman _____ all the savings.

① at ② for
③ from ④ of

rob+A+of+B : A에게서 B를 빼앗다.
이때 of는 제거 · 박탈의 전치사, rob는 완전타동사

15.

The passengers blamed the airline _____ the delay.

① at ② for
③ to ④ of

이유나 원인을 나타내는 전치사는 for이다.

16.

Joe _____ down under the tree and fell asleep.

① lain ② lay
③ laid ④ lie

lie - lay = lain(vi.)눕다, lay - laid - laid(vt.) 눕히다.
여기에서는 '눕다' 라는 자동사의 과거형

14. ④ 15. ② 16. ②

17.

You go on ahead. I'll soon catch up ___ you.

① on ② for
③ with ④ to

catch up with ~을 따라잡다.

18.

A : Did you meet Miss Lee yesterday?
B : No, I waited ___ two hours, but she never came.

① for ② to
③ until ④ by

'(거리, 시간 등) ~동안' 의 표현으로 for를 쓴다.

19.

The traffic was so ___ this morning that I was late for work.

① grand ② tough
③ large ④ heavy

'교통이 혼잡하다' 는 표현으로는 heavy를 쓴다.

오늘 아침 교통이 매우 혼잡해서 직장에 늦었다.

17. ③ 18. ① 19. ④

20.

As development of the hydrogen bomb proceeded, someone asked Albert Einstein, whose original equations had paved the way to the _____ age how the Third World War would be fought.

① automatic　　　　② civilizing
③ atomic　　　　　④ electrical

　equation 방정식 / pave the way for(to) ~을 가능케하다, ~의 길을 열다

　수소폭탄 개발이 진행됨에 따라 누군가 아인슈타인에게 물었다. 아인슈타인의 최초 방정식들은 3차 세계대전이 어떻게 치루어질 것인가에 대한 원자력 시대의 길을 열어놓은 것이었다.
　① 자동기계　② 문명　④ 전기의

※ Select the one that best completes the following conversation. (21~26)

21.

A : Is Kim about ready?
B : _____.

① Yes, he's finished dressing nearly.
② Yes, he's finished nearly dressing.
③ Yes, he's nearly finished dressing.
④ Yes, he nearlys finished dressing.

　always, often, nearly 같은 빈도부사는 be동사나 조동사 뒤, 일반동사 앞에 위치한다.

22.

A : How about dropping in my house this evening?
B : _____. What time shall we make it?

① I'll come back tomorrow.　　② That's no good.

20. ③　21. ③　22. ③

③ That sounds great.   ④ I'm afraid so.

 How about ~ing : 하는게 어때?
B가 "몇 시가 좋을까"라고 되묻고 있으므로 "좋지"라는 긍정적인 표현이 무난하다.

23.

A : Excuse me. May I _____ a picture of you?
B : What for?
A : I just want to show my children how an American policeman looks.

① take   ② make
③ see   ④ let

24.

A : Would you _____ me the way to Kimpo Airport?
B : I'm sorry. I'm a stranger here myself.

① give   ② show
③ pass   ④ help

 show one's to : ~을 가르쳐 주다, 알려주다

해석 A : 김포공항 가는 길을 알려 주시겠어요.
      B : 죄송합니다. 저도 초행길입니다.

25.

A : How do you like your new job?
B : _____.

정답 23. ①   24. ②   25. ③

① Because I was happy to do it.
② I find it very much
③ Yes, I am very much interested it
④ That sounds like a lot of fun

> A : 새로운 직업은 마음에 드니?
> B : 그래, 난 매우 흥미를 느끼고 있어.

26.

A : Please _____ yourself to the cake?
B : No, thank you. I've had enough.

① make   ② help
③ have   ④ let

> please help yourself : 어서 마음껏 드세요.

> A : 케이크를 드시겠어요?
> B : 고맙지만, 충분히 먹었습니다.

27.

Would you mind waiting moment?

① No. I'll wait.   ② No. Not at all.
③ Certainly not.   ④ Yes, I won't.

> mind는 부정문·의문문 등에서 '싫어하다, 꺼리다'의 뜻이므로, 부정의 답은 Yes, I would라고 표현하고 긍정의 답은 No, I wouldn't 또는 Of course not, Certainly not으로 표현한다.

26.② 27.③

※ 다음 글에서 틀린 부분을 고르시오. (28~30)

28. Seeing from a distance. It looks like a human face.
　　　　① 　　② 　　　　③ 　④

　　주절의 주어와 분사구문의 의미상의 주어가 다를 경우 분사구문 앞에 의미상의 주어를 표시해야 한다.
　　We seeing from a distance = If we see from a~

29. There is many problems still unsolved in a curricula of most state Universities.
　　　　① 　　　　　　　② 　③ 　　　　　　　　　　④

　　There(be)로 시작되는 문장에서는 뒤에 오는 명사에 따라 동사의 형태가 바뀐다.
　　There are로 고쳐 써야 한다.
　　curriculum의 복수 → curricula 교과과정

30. No sooner had he began to speak when an omnious mutering arose from
　　　　① 　　② 　　　　　　③ 　　　　　　　　　　④
the audience.

　　┌ No sooner had + 주어 + p.p + than   ┐ ~하자마자 곧 ~하다.
　　└ Hardly had + 주어 + p.p + before + 과거 ┘

정답 28. ①   29. ①   30. ③

31.

The opinious of the crowd exerts <u>more</u> <u>influence</u> <u>on</u> her <u>than they should</u>.
　　　　　　　　　　　　　　　　　　①　　　②　　　③　　　　　④

> more~than 같은 비교급에서는 동등한 형태가 와야 한다. ④의 than they should는 무엇을 의미하는지 애매모호하다.
> exert influence on 사람 : ~에게 영향을 미치다

※ 다음 밑줄 친 부분에 들어갈 알맞은 것을 고르시오. (32~34)

32.

Scottish people like to think that golf is a scottish sport. The game did not come from Scotland. It was first played in Holland in the 14th century. Only late it become _____.

① an Olympic sports　　　　② a real sport
③ popular with the Dutch　　④ popular Scotland

> 스코틀랜드 사람들은 골프가 스코틀랜드 운동이라고 생각하기를 좋아한다. 그 경기는 스코틀랜드에서 유래되지 않았다. 그것은 14세기경 네덜란드에서 처음 시작되었다. 다만, 뒤에 그것은 스코틀랜드에서 인기가 있었다.

33.

It is had not he was lacking in ability because he was lacking in sincerity that _____ his learning he could not become respected by people.

① for　　　　② but
③ so　　　　 ④ that

> It은 가주어, that 이하가 진주어, 내용상 이유·원인을 나타내는 전치사 for가 적당하다. his는 learning(동명사)의 의미상 주어

정답) 31. ④　32. ④　33. ①

해석 그의 학문 때문에 그가 다른 사람에게서 존경받을 수 없다는 것은 그가 성실성이 결여되었기 때문이지 능력에 있어서 부족하다는 것은 아니다.

34.

The dog was the first domestic animal very early in human history. People learned that a dog could help with hunting, dogs also were good company for early men. We can say that the dog is man's "best friend" and his _____.

① worst enemy   ② older friend
③ latest friend   ④ oldest friend

 domestic 사육되어 길들여진 / an old friend 오랜친구

 개는 인간 초기 역사에 있어서 최초로 길들여진 동물이었다. 개는 사냥을 도울 수 있고, 역시 초기 인류와 좋은 친구였다는 것을 사람들은 알았다. 개는 인간 최상의 친구이자 <u>가장 오래된 친구</u>라고 말할 수 있다.

35.
Choose the one, which is most similar meaning with the following sentence.

If you purse one thing with perseverance for a long time, all of you will be able to make progress to a certain degree without fail, so long as you are blessed with ordinary health and ability.

① 천재는 1%의 영감과 99%의 땀이다.
② 실패는 성공의 어머니다.
③ 한 우물을 파라.
④ 실패는 쓰고 성공은 달다.

perseverance 인내 / certain 반드시 ~하는 / degree 정도 / be blessed with : ~을 누리다, ~복 받다, 혜택을 입다

정답 34. ④ 35. ③

공사·공단 시험 대비 영어 기출예상문제집

 만약 당신이 한 가지 일에 지속적으로 오랫동안 수행한다면 당신이 보통의 건강과 능력을 부여받은 한 실패 없이 어느 정도 당신의 모든 것은 성장할 수 있을 것이다 라는 요지로 평범한 사람도 지속적으로 한 가지 일에 매달린다면 성공할 수 있다 라는 내용임.

36. 다음 글을 읽고 가장 적절한 제목을 찾으면?

> It take me a long time to make up my mind about something. I don't decide things quickly some people think this is good and some people think it bad I don't know. I know some people who make up their mind right away. It doesn't matter how complicated the problem is. In two minutes they say that they have considered everything and that they are positive they have made a good decision. I am surprised that they can be so confident.

① making of the mind   ② thinking good and bad
③ positive thinking   ④ making decision

   의사결정에 관한 내용이다.
   matter 문제 / complicate 복잡한 / positive 확신하는 = confident / decision 결정, 결심

 나는 어떤 것에 관해 결심하기까지 오랜 시간이 걸린다. 어떤 이는 이것이 좋다고 생각하고 어떤 이는 그것이 나쁘다고 생각하는 것들을 나는 빨리 결정하지 못한다. 나는 망설임 없이 결정하는, 내가 아는 사람들을 이해하지 못한다. 문제가 얼마나 복잡하냐는 중요하지 않다. 2분만 지나면 그들은 모든 것을 고려했고 그들은 바른 결정을 내렸다고 확신한다고 말한다. 나는 그들이 그렇게 확신할 수 있는 것에 놀란다.

37. 다음 글과 비슷한 뜻을 지닌 것을 고르시오.

> The diversity of the United States stems from the fact that it is so large and has so many kinds at land, climates and people.

정답 36. ④   37. ③

① The stems from the United States consists land, climated and people.
② The stem from the United States consists of it's land, climated and people.
③ Size, soils climates and inhabitants account for the diversity of the United States.
④ The United States must be stem due to the diversity of size, soil, climate in United States.

> 여기서 stem from은 '~에서 나오다, 유래하다' 의 의미이다.
> ①②④의 stem은 모두 명사로 쓰여 기껏해야 줄기라는 의미 정도로 밖에는 볼 수 없다.
> ③의 의미는 '크기, 토양, 기후, 그리고 미국 사람들의 다양성을 말해준다.

> 미국의 다양성은 미국이 광대함과 여러 종류의 토양과 기후와 그리고 사람들을 가지고 있다는 데서 나온다.

38. 다음 밑줄 친 부분에 알맞은 것은?

> It is widely say that lost wealth may be by industry and economy, lost knowledge by study, lost health temperance and medicine, lost time is _____ forever.

① wealth ② economy
③ health ④ knowledge

> 잃어버린 부는 근면과 절약에 의해서, 잃어버린 지식은 공부에 의해서, 잃어버린 건강은 절제와 약에 의해서, 잃어버린 시간은 영원히 절약함으로써 구제된다고 대체로 말하여진다.
> ① 부, 재산 ② 절약 ③ 건강 ④ 학식, 지식

※ 주어진 문장을 가장 바르게 영문으로 표현한 것을 고르면? (39~40)

39.

> 나는 15분쯤 걸어가서 우측에 있는 우체국을 보았다.

정답 38. ② 39. ④

① The post office building sighted at my right side when I walked for about fifteen minutes.
② It is just fifteen minutes' walk from my home to post office.
③ There was always the post office at the right when I walked for about fifteen minutes.
④ The post office came into sight at the right when I walked for about fifteen minutes.

④ come into sight 보이게 되다
①은 무생물 주어가 볼 수 없으므로 수동태로 쓰여 져야 한다.

40. 기계류는 가동 전에 면밀히 점검해야 한다.

① Machinery should be checked carefully before being put into operation.
② Careful inspection may be closely tied with the operation of machinery.
③ We'd better examine machinery closely before we put it into operation.
④ The operation of machinery is needed anyway.

①의 should는 의무·당연을 나타낸다. ~ 해야 한다.

40. ①

(1998. 5. 31. 시행) 한국철도공사 9급

01. "어머님께 안부 전해줘."의 영작으로 옳지 않은 문장은?

① Give my best regards to your mother.
② Give my best wishes to your mother.
③ Remember me to your mother.
④ Give my pleasure to your mother.

　① ② ③ 외에 매우 친한 친구간에 쓰는 인사말로는 Say hello to~ 는 표현이 있다.

02. 다음 밑줄 친 부분과 의미가 같은 것은?

How about trying bath?

① What do you think about　　② What do you do with
③ How do you think　　　　 ④ Why are you

　How about ~ing : ~하는 게 어때?
　(=What do you think about ~ing = Why don't you~)

　해석　목욕하는 게 어때?

03. 다음 글의 문장과 같은 뜻을 나타내는 것은?

They believe that he was innocent.

① It was believed that he was innocent.

 01. ④　02. ①　03. ④

② He is believed to be innocent.
③ It is believed that he is innocent.
④ He is believed to have been innocent.

> was가 본동사 believe보다 하나 더 과거시제이므로 완료부정사 to have been을 써야 옳다.
> They believe that he was innocent.
> → It is believed (by them) that he was innocent.
> → He is believed to have been innocent.

해석 그들은 그가 결백했다고 믿고 있다.

04. 다음 밑줄 친 부분에 들어갈 알맞은 말은?

Mr. Smith differs _____ Mr. Brown in opinion.

① that
② for
③ of
④ from

> differ from ~ : ~과 다르다(=be different from)

해석 스미스씨는 브라운씨와 의견이 다르다.

05. "나는 이곳이 초행입니다."의 영작으로 알맞은 것은?

① I am a stranger here.
② I have come here at first.
③ Here am I at last!
④ I am staying here for the present.

> be a stranger to~ : ~이 처음이다

정답 04. ④ 05. ①

06. 다음 대화에서 A에 대한 B의 응답으로 가장 적합한 것은?

> A : So you've really come back!
> B : _____.

① So I did
② Yes, I really have
③ So did I
④ So I am

🎓 질문에서 have 동사를 사용했으므로 답변에서도 have를 써야 옳다.

해석 A : 너 정말 돌아왔구나!
　　　B : 그래, 정말 왔어.

07. 다음 글에서 화법을 전환할 때 빈 칸에 들어갈 내용으로 알맞은 것은?

> He said to me, "Study hard, or you will fail."
> → He told me _____.

① to study hard or you will fail
② to study hard, or that I would fail
③ that I should fail unless I studied hard
④ that I studied hard or I should fail

🎓 직접화법의 문장을 간접화법의 문장으로 전환하라는 문제이다. 일반명령문을 tell+O+to do의 형태로 바꾸어야 한다. 또한 조건을 나타내는 or가 있으므로 that을 사용하면 안된다. 따라서 ①이 옳은 문장이다.
명령문+or : ~해라, 그렇지 않으면 ~할 것이다

해석 "열심히 공부해라, 그렇지 않으면 실패할 것이다."라고 그는 말했다.

정답 06. ②　07. ①

08. 다음 밑줄 친 부분과 뜻이 가장 가까운 것은?

> Did you <u>enjoy yourself</u> at the party?

① have enough food ② have little food
③ have a good time ④ have a hard time

enjoy oneself 유쾌하게 지내다, 즐기다(= have a good time)

해석 파티에서 유쾌하게 보냈나요?

09. 다음 글에서 David가 하고 있는 행동은?

> Slow down, David. We have plenty of time to get there.

① Driving too fast ② Driving too slow
③ Waiting for a bus ④ Taking a bath

화자가 데이비드한테 천천히 가라는 내용이므로 데이비드가 과속운전(Driving too fast)을 하고 있는 것이 옳다.

해석 데이비드, 천천히 가. 거기 갈 충분한 시간이 있어.

10. 아래 문장을 적절히 영작한 것은?

> 기차는 한 시간에 50마일 속도로 달렸다.

① The train ran at the speed of 50 miles by the hour.
② The train ran at the speed of 50 miles an hour.
③ The train ran by the speed of 50 miles by the hour.
④ The train ran on the speed of 50 miles by the hour.

정답 08. ③ 09. ① 10. ②

🎓 by the hour 시간당, 시간제로(고용, 지불 따위) / an hour 시간마다(=per hour)

11. 다음 밑줄 친 부분 중 잘못이 있는 곳은?

> The law <u>I am referring to</u> requires <u>that whoever</u> <u>owns</u> a car <u>has</u> accident insurance.
>   ①   ②   ③   ④

🎓 has를 have 또는 should have로 고쳐야 옳다.

📖 내가 언급하는 그 법은 차를 소유한 사람은 누구든지 자동차 상해보험에 가입할 것을 요구하고 있다.

12. 다음의 게시문에 대한 영어표현이 적합하지 않은 것은?

① 손대지 말 것 – Hand out　　② 출입금지 – Off limits
③ 수리중 – Under repairs　　④ 비매품 – Not for sale

🎓 Hand out : 기부, Hand off : 손대지 말 것

13. 다음 밑줄 친 곳에 들어갈 내용으로 가장 알맞은 것은?

> I remember _____ the visitors around the museum last year.

① to see him conducting　　② to see him to conduct
③ seeing him to conduct　　④ seeing him conducting

정답 11. ④　12. ①　13. ④

'remember〔forget〕+동명사'는 하나 더 과거시제를 나타내며, 'remember〔forget〕+to부정사'가 하나 더 미래시제를 나타낸다.
문장에서 last year라는 과거를 나타내는 어휘가 쓰였으므로 동명사가 쓰인 ④가 옳다. 또한 지각동사 see가 쓰였으므로 to부정사는 쓸 수 없고 진행을 나타내는 현재분사형을 써야 한다. 따라서 ③이 아닌 ④가 정답이다.

나는 작년에 그 박물관 부근에서 그가 방문객들을 안내하고 있는 것을 보았던 기억이 난다.

14. 다음 빈 칸에 들어갈 알맞은 말은?

The value of a knowledge of physical science as a means of "getting on" is unquestionable. There is no occupation whose pursuer will not find some knowledge of science to be _____.

① absorbing
② acceptable
③ profitable
④ interesting

unquestionable 의심할 여지가 없는 / occupation 직업, 점유 / pursuer 연구자, 종사자 / acceptable 받아들일 수 있는 / profitable 유리한

"성공"의 수단으로서 자연과학 지식이 가치가 있다는 것은 의심할 여지가 없다.

15. 다음 빈 칸에 들어갈 알맞은 표현은?

Columbus was the first European that set foot on the new world which he had discovered. He landed in a rich dress and with a naked sword in his hand. His men knelt down and kissed the ground which they had so _____.

① often dug
② often travelled
③ often landed
④ long desired to see

정답 14. ② 15. ④

sword 검

 콜롬부스는 자신이 발견했던 신세계에 발을 내딛었던 최초의 유럽인이었다. 그는 손에 칼을 쥐고 화려한 옷을 입고 상륙했다. 그의 부하들은 무릎을 굽혀서 그토록 오랫동안 보기를 갈망했던 땅에 입을 맞추었다.
① 파헤치다 ② 자주 여행을 한다 ③ 상륙하다

16. 다음 중 철자가 잘못된 것은?

① appetite ② ocurence
③ bargain   ④ receipt

② ocurence → occurrence

17. 다음 중 밑줄 친 곳에 들어갈 알맞은 것은?

She _____ in 1996.

① got married   ② did marriage
③ was married   ④ married

get married : 결혼하다(=be married)

 그녀는 1996년에 결혼했다.

18. 다음 대화의 빈 칸에 들어갈 알맞은 것은?

A : May I speak to Ann?
B : Sure, _____. I'll call her.

정답 16. ② 17. ① 18. ④

① hang up, please　　　　② it's for you
③ nice to meet you here　　④ hold on, please

　잠깐만 기다리세요.
　Hold on, please. = Hold the line, please. = Just a moment, please.

　A : 앤 좀 바꿔주세요.
　B : 물론, 잠깐만 기다리세요. 그녀를 부를께요.

19. 다음 밑줄 친 부분에 알맞은 단어는?

What do you want me to do?
The radio is too loud, please turn it _____.

① down　　　　② out
③ up　　　　　④ on

　turn down (라디오 따위의) 소리를 작게 하다

　내게 뭘 원하는 거니?
　라디오 소리가 너무 크니깐, 좀 작게 해줄래.

20. 다음 글의 밑줄 친 ⓐ와 가장 가까운 의미를 지닌 것은?

　　Tomorrow would be Christmas day, and she had only $1.87 with which to buy her husband a present. She had been saving every penny she could for months with this result. ⓐ <u>Twenty dollars a week doesn't go far</u>.
　　Expenses had been greater than she had expected. They always are. Only $1.87 to buy a present for her husband.

① It is impossible to make more money than 20 dollars.
② She can't save more money than 20 dollars a week.

정답　19. ①　20. ③

③ 20 dollars a week doesn't suffice her living expenses.
④ She doesn't spend not more than 20 dollars a week.

- go far 멀리까지 가다 / present 선물 / expect 예상하다

해석 내일은 크리스마스인데, 그녀는 남편에게 줄 선물을 살 1달러 87센트밖에 없다. 그녀는 몇 달 동안 푼푼이 저축해 왔다. 20달러는 1주일을 보내기에는 충분치 않다. 비용은 그녀가 예상했던 것보다 훨씬 더 들었다. 그들은 늘 그랬다. 남편을 위해 선물을 살 1달러 87센트밖에.
③ 일주일에 20달러는 그녀의 생계비용으로 충분하지 않다.

(1998. 12. 20. 시행) 한국철도공사 9급

※ 다음 밑줄 친 부분에 들어갈 알맞은 것을 고르시오. (01~02)

01.

Tom _____ his friend's sister.

① was married with　　② was married to
③ married with　　　　④ married

　be married to : ~와 결혼해서 살고 있다

　[해석] 톰은 친구 여동생과 결혼해서 살고 있다.

02.

Would you mind _____ this book?

① lend　　　② lended
③ lending　 ④ to lend

　mind 꺼리다, 싫어하다 / would you mind ~ing : ~해도 괜찮을까요?

　[해석] 이 책을 빌려주시겠습니까?

03. 다음 중 어법상 틀린 것은?

① Tom is taller than any other boy.
② The river is deepest here.

[정답] 01. ②　02. ③　03. ④

③ Of gold and silver, the former is the more precious than the latter.
④ Nothing is so precious than time.

> ④ nothing+so A as B : B만큼 A한 것은 없다
> 따라서 so를 more로 고치거나, than을 as로 고쳐야 옳다.

해석 ④ 시간보다 귀중한 것은 없다.

04. 다음 글에서 복합관계대명사의 용법 중 틀린 것은?

① He tells the same story to whoever will listen.
② You may take whichever book you want.
③ I'll give it to whomever come first.
④ You can give it to whoever you think is honest.

> 동사 came의 주어가 생략되었고 선행사가 없으므로 복합관계대명사 주격인 whoever를 써야 옳다. 여기서 whoever는 anyone who와 같은 의미로 쓰인다.

해석 ③ 처음 오는 사람은 누구에게나 그것을 주겠다.

05. 다음 대화의 밑줄 친 곳에 들어갈 내용으로 알맞은 것은?

A : _____.
B : This is Tom's speaking.

① Who are you?
② Who is that?
③ Who is this speaking?
④ Who are you calling?

> 당신은 누구십니까?(전화 대화에서)
> Who is calling (speaking), please? = Who is this speaking?

해석 A : 당신은 누구십니까?
B : 저는 톰입니다.

06. 다음 밑줄 친 곳에 들어갈 내용으로 알맞은 것은?

> I will be report after I _____ this book.

① will have read   ② had read
③ read   ④ have read

시간을 나타내는 부사절에서는 현재완료시제가 미래완료시제를 대신한다. 따라서 will have read 대신에 have read를 써야 옳다.

해석 이 책을 읽고 난 후에 보고를 할 것이다.

07. 다음 밑줄 친 곳에 알맞은 것은?

> Man had passed the long period of _____ during which he had been victimized by overwhelming natural and social forces, and had become the autonomous subject of his own development.

① generation   ② immaturity
③ revenge   ④ compensation

period 시기, 시대 / victimize 희생되다 / overwhelming 압도적인 / autonomous 자발적인

해석 인류는 오랜 미성숙의 시기를 거쳐왔는데, 이 기간 동안 인류는 자연적이며 사회적인 힘에 의해 압도당함으로써 희생되어 왔고, 또한 스스로 문명의 자발적인 재배를 받게 되었다.
① 세대   ② 보복, 복수   ③ 보상금, 배상

※ 다음 글을 읽고 밑줄 친 곳에 알맞은 것을 고르시오. (08~09)

> Ants are found in almost all parts of the world, and they are most common insects on earth.

정답 06. ④   07. ②

> Although many ants are hard workers, others do not work at all. One kind of ant that does not work is the Amazon ant.
> Amazon ants are fierce fighters, but they cannot build their own nests or even feed themselves. They actually have slaves to do these things for them. The salves, another kind of ant, are captures in battle by the Amazon.

🎓 insect 곤충 / fierce 흉포한, 몹시 사나운 / capture 포획 / battle 싸움

해석 개미들은 세계의 거의 모든 지역에서 발견되며, 그들은 지구상에서 가장 흔한 곤충이다.
비록 많은 개미들이 근면한 일꾼들이지만, 어떤 개미들은 일을 전혀 하지 않는다. 일하지 않는 개미의 한 종류는 아마존개미이다.
아마존개미들은 사나운 싸움꾼이다. 하지만 그들은 자신들의 보금자리를 짓지 못하며 심지어는 스스로 먹지도 못한다. 그들은 자신들을 위해 이러한 것들을 해주는 노예들을 가지고 있다. 또 다른 종류의 개미인 노예들은 전투에서 아마존개미들에 의해서 생포된다.

08.

Amazon ants must be very _____.

① idle ② feeble
③ warlike ④ hard-working

🎓 must be : ~임에 틀림없다.
① 태만한 ② 연약한 ③ 호전적인 ④ 우둔한

09.

Without slave ants, Amazon ants would _____.

① feed themselves ② be captured by other ants.
③ build their own nests ④ die in the end

🎓 in the end : 결국에는 / nest 보금자리 / capture 포획

정답 08. ③ 09. ④

해석 노예개미들이 없다면, 아마존의 개미들은 결국에는 죽을 것이다.
① 그들 스스로 먹을 것이다.
② 다른 개미들에게 포획을 당할 것이다.
③ 그들 스스로 보금자리를 지을 것이다.
④ 결국에는 죽을 것이다.

10. 다음 대화에서 B가 하고 있는 말은?

> A : Could you sign it on the back, please?
> B : All right…. Is that OK?
> A : Fine. How would you like your 100?

① He is cashing a check.   ② He is depositing some money.
③ He is opening an account.   ④ He is buying something.

대화의 내용으로 보아 B가 수표를 현금으로 바꾸고 있는 것을 알 수 있다.
cash a check : 수표를 현금으로 바꾸다

해석 A : 뒤에서 서명을 해주시겠어요?
B : 좋습니다…. 됐나요?
A : 좋습니다. 100달러를 어떻게 해서 드릴까요?

※ 다음 글의 밑줄 친 곳에 들어갈 단어를 고르시오. (11~12)

11.
> "Mr. Kim smokes too much."
> "Well, he used to smoke more than he _____ now."

① could   ② make
③ has   ④ does

해석 "미스터 김은 담배를 지나치게 많이 피워요."
"그런데요, 그는 전에는 지금보다 더 많이 담배를 피웠었대요."

정답 10. ① 11. ④

12.

_____ but fools would believe such nonsense.

① All　　　　　　　　　② None
③ Any　　　　　　　　　④ Everybody

none but : ~외에는 아무도 ~하지 않다
① all but : 거의(=almost, nearly)
② any but : ~이외에는 모두

바보가 아닌 이상 그런 허튼 말을 믿는 녀석은 없을 거야.

13. 다음 빈 칸에 들어갈 알맞은 것은?

Until the 18th and 19th centuries, coins were given monetary worth based on the exact amount of metal contained in them, but most modern coins are based on face value—the value that governments choose to given them, _____ the actual metal content.

① according to　　　　　② in connection with
③ such as　　　　　　　④ irrespective of

irrespective of : ~에 상관(관계)없이 = regardless of = without regard to

※ 다음 글을 읽고 물음에 답하시오. (14~15)

A : Oh, you look kind of pale. What's the matter?
B : I feel sick.
A : Do you? Just a minute.
　　Let me get the airsick bag ready…. Here.
B : Thank you.

정답　12. ②　13. ④

334 공사·공단 시험 대비　영어 기출예상문제집

A : Shall I get you some what?
B : _____ I think I'll be all right as soon as the plane gets out of this turbulence.

 A : 안색이 나빠 보이는군요. 무슨 일 있나요?
B : 아파요.
A : 당신이 아프다구요? 잠깐만 기다려 봐요.
B : 고마워요.
A : 더 필요한 것 없으세요?
B : <u>아뇨, 괜찮습니다.</u> 비행기가 이 난기류를 벗어나면 괜찮아질 거예요.

14. 위 대화의 밑줄 친 곳에 들어갈 알맞은 것은?
① You're welcome.　　　② No, thank you.
③ It serves you right.　　④ Yes, let's.

 아뇨, 괜찮습니다. = No, thank you.

15. 위의 대화는 어디에서 일어나고 있는 상황인가?
① at drug store　　② in plane
③ in airport　　　　④ hospital

B의 마지막 말 No, thank you. 이하를 참조할 것
① 약국에서 ② 비행기 안 ③ 공항 ④ 법원

16. 다음 밑줄 친 것과 같은 뜻은?

Ticket <u>holds good</u> for three days.

 14. ② 15. ②

① continues	② influences
③ never loses	④ remains effective

 hold good 유효하다(=be effective)

 이 표는 3일간 유효하다.
① 계속되고 있다, 계속되다 ② 영향, 세력 ③ 결코 늦지 않다

17. 다음 대화 중 어색한 것은?

① A : I'm sorry.
　B : You're welcome.
② A : Will it rain tomorrow?
　B : I hope not.
③ A : Come here. Supper is ready.
　B : I'm coming.
④ A : Would you mind closing the window?
　B : Of course not.

 You're welcome은 Thank you에 대한 응답이다. 또한 I'm sorry에 대한 응답은 That's all right이다.

18. 다음 중 문법적으로 틀린 것은?

① I want you to do it at once.
② I hope you to succeed in it.
③ His father intended him to be a doctor.
④ I like you to stay here.

　　hope+O+to do (×)
　　I hope you to succeed in it → I hope (that) you will succeed in it.
　　⇒ 네가 성공하기를 바래.

정답 16. ④ 17. ① 18. ②

19. 다음 밑줄 친 lose의 반대말은?

> This watch loses a five minutes a day.

① gain ② obtain
③ discard ④ make

    lose (시계가) 늦다 ↔ gain (시계가) 빠르다

    이 시계는 하루에 5분씩 늦다.
    ② 획득하다 ③ 버리다

20. 다음 영어 표현이 적합하지 않은 것은?

① 출입금지 - Off limits ② 수리중 - Under repairs
③ 손대지 말 것 - Hand out ④ 비매품 - Not for sale

    Hand out : 기부, Hand off : 손대지 마시오.

정답 19. ① 20. ③

(1999. 1. 9. 시행) 인천지하철공사 9급

※ 다음 밑줄 친 말과 가장 가까운 뜻으로 쓰인 것은? (01~03)

01.

The moon's diameter is <u>roughly</u> 2,100miles.

① only
② approximately
③ temporarily
④ incredibly
⑤ unquestionably

🎓 roughly = approximately,

 달의 지름은 <u>대략</u> 2,100 mile이다.
③ 일시적으로 ④ 믿을 수 없게 ⑤ 의심할 바 없게

02.

How do you <u>observe</u> Christmas in your country?

① watch carefully
② believe in
③ forbid
④ obey
⑤ celebrate

🎓 observe = celebrate

 당신의 나라에선 어떻게 크리스마스를 <u>기념하나요</u>?
① 감시하다 ② ~존재를 믿다 ③ 금지 명령하다 ④ ~에 복종하다

정답) 01. ② 02. ⑤

03.

Do you know why the country is called "the United States of America" and not just "America" and what the stars and stripes on the American flag stand for?

① allow　　　　　　② support
③ endure　　　　　　④ represent
⑤ cause

stand for = represent 상징하다

당신은 나라 이름을 그냥 "미국(America)"이라고 하지 않고 왜 "미·합중국(the United Stater of America)"이라고 불려지는지, 그리고 성조기의 줄무늬와 별이 무엇을 상징하는지 알고 있습니까?
① 허락하다　② 지원하다　③ 참다　⑤ 야기하다

※ 다음 밑줄 친 말과 뜻이 다른 것은? (04~05)

04.

She was very much resented by your rudeness.

① extinguished　　　② disconcerted
③ indignant　　　　④ annoyed
⑤ irritated

① extinguish = put out 불을 끄다

그녀는 당신의 무례함에 상당히 분개했다

05.

By and large the brighter students are more attentive in class.

① In general　　　　② As a rule
③ On the whole　　　④ At all time

정답　03. ④　04. ①　05. ④

⑤ Largely

> By and large 대략, 대체로

해석) 대체로 명석한 학생들은 수업 중에 좀 더 경청한다.
④ 항상

※ 다음 문장의 내용상 밑줄 친 곳에 가장 알맞은 것은? (06~07)

06. I'm sorry, but I don't seem to remember _____.

① what does your name is
② what is your name
③ what you name's
④ what name is yours
⑤ what your name is

> ex) What is this name? ⇒ Do you know what his name is? = Do you remember what his name is?

해석) 죄송하지만 당신의 이름을 기억할 수 없는 것 같군요.

07. No matter how _____, it is not necessarily worthless.

① a desert may be dry
② may a desert be dry
③ a dry desert may be
④ may be dry a desert
⑤ dry a desert may be

> No matter how + 형 + 주어 + may + V ~ : 양보구문(아무리 ~할지라도)

해석) 사막이 아무리 건조하다 할지라도, 반드시 무가치 한 것은 아니다.

정답) 06. ⑤ 07. ⑤

※ 다음 문장의 내용상 밑줄 친 곳에 들어갈 내용으로 가장 알맞은 것은? (08~10)

08.

> The computer does just what its name implies ; it computes. _____, it is like a hand calculator that you might use every day to solve simple numerical calculations.

① However ② In this sense
③ On the other hand ④ By the way
⑤ In the end

해석 컴퓨터는 자체 이름이 의미하는 바를 실행한다. 컴퓨터는 계산작용을 한다. <u>이런 의미에서</u> 컴퓨터는 간단한 수 계산을 해결하기 위해 매일 사용하는 갖고 다니는 계산기와 같다.
③ 반대로 ④ 그런데 ⑤ 결국

09.

> There is often a great distinction between character and reputation. Reputation is what the world believes us to be for the time being ; character is what we truly are. Reputation and character may be in harmony, but they frequently are as _____ as light and darkness.

① opposite ② natural
③ same ④ important
⑤ trivial

distinction 구별 / character 인격 / reputation 명성, 평판 / for the time being 당분간 / opposite 반대의 / trivial 시시한, 사소한

해석 인격과 평판(명성)에 종종 큰 차이가 있다. 명성이란 당분간 세상이 믿고 있는 것이며 인격이 우리의 참된 본질인 것이다. 명성과 인격은 조화로울 수 있지만 자주 빛과 어두움처럼 <u>상반될</u> 수 있다.
① 정반대의

정답 08. ② 09. ①

10.

> _____ is the first principle of community ; it is the spirit which conserves the best that all men think. No loss by flood and lightning, no destruction of cities and temples by the hostile forces of nature, has deprived man of so many noble lives as those which his intolerance has destroyed.

① Sacrifice
② Honesty
③ Tolerance
④ Freedom
⑤ Democracy

 principle 원칙 / conserve 보존하다 / intolerance 용서없음, 완고함 / sacrifice 희생

해석 관용이 지역사회의 첫 번째 원칙이다. 그것이 모든 사람이 생각하는 최상의 것을 보존하는 정신인 것이다. 홍수나 번개에 의한 손실이나 자연의 적대적인 힘에 의한 도시나 사원의 파괴도 인간의 완고함이 파멸시킨 것만큼 많은 숭고한 삶을 박탈한 것도 없다.

11. 다음 글에서 전체의 흐름과 관계없는 문장은?

> The most obvious purpose for advertising is to inform the consumer about available products of service. ① <u>In many countries, manufacturers must, according to the law, put labels on their products.</u> ② <u>For example, food labels must include information about the nutrition of the food.</u>
> ③ <u>In other words, they look at the same product in several stores of from several manufactures.</u> ④ <u>On other products, the labels on the packages tell consumers about the materials in the products.</u> ⑤ <u>A label must also include where a product was made or grown.</u> It's a banana from Costa Rica, a cotton towel from China.

 obvious 분명한 / consumer 소비자 / nutrition 영양

정답 10. ③ 11. ③

342 공사·공단 시험 대비 영어 기출예상문제집

해석 광고의 분명한 목적은 소비자에게 이용 가능한 용역제품을 홍보하는 것이다. ① 여러 국가에서 제조업자는, 법에 의하면, 제품에 상표를 부착해야 한다. ② 예를 들어, 식품상표에는 영양분에 대한 정보를 포함해야 한다. ③ 다시 말하면, 그들은 몇몇 가게에서 여러 제조사에서 만든 같은 제품을 보게 된다. ④ 다른 제품들에는 포장의 상표는 소비자에게 제품의 재표를 기술하고 있다. ⑤ 상품에는 또한 제품의 만들어진 곳, 재배장소를 밝혀야 한다. 크스타리카 바나나, 중국산 면화…

12. 다음 글은 무엇에 관한 글인가 가장 알맞은 것은?

> Medical science may be divided into preventive medicine and curative medicine. By preventive medicine we mean the steps that are to be taken to prevent diseases from attacking people, and the application of this knowledge to our living. Curative medicine, on the other hand, is the knowledge about diagnosis of diseases and their cures, and the practical application of this knowledge to save lives from the onslaught of deadly diseases.

① curative medicine ② preventive medicine
③ treatment of diseases ④ category of diseases
⑤ diagnosis of diseases

prevent 막다 / preventive 예방의 / cure 치료하다 / curative 치료의 / take a step 조치를 취하다 / diagnosis 진찰 / practical application 실제적 적용 / onslaught 맹습

 의학은 예방의학과 치료의학으로 나뉘어 질 수 있을지 모른다. 예방의학이란 질병이 사람을 공격을 못하게 취하는 조치와 우리의 삶에 이것을 적용하는 것을 의미한다. 반면에 치료의학은 질병이 진찰과 치료에 대한 지식이며 치명적인 질병의 맹공격으로부터 목숨을 구하기 위해 이 지식의 실제적인 적용인 것이다.

13. 다음 우리말에 대한 영작이 가장 알맞은 것은?
① 이 도시의 인구는 얼마나 됩니까?
  ⇒ How is the population of this city?

정답 12. ④ 13. ③

② 조선산업은 한국의 가장 유망한 산업 중의 하나이다.
  ⇒ Shipbuilding is one of the most promising Korean industry.
③ 저는 시청에 가는 중입니다.
  ⇒ I'm on my way to the City Hall.
④ 영어로 의사소통이 가능하십니까?
  ⇒ Can you make yourself understand in English?
⑤ 컴퓨터와 통신이 매우 중요해졌다.
  ⇒ Computers and communication have become very importance.

① How → How large ② industry → industries ④ Understand → Understood ⑤ importance → important

14. 다음 대화의 밑줄 친 곳에 가장 알맞은 것은?

A : Why did you get up so early?
B : I _____ at school by seven o'clock yesterday.

① must have been ② must be
③ have to be   ④ had to be
⑤ should be

yesterday(과거) → 일치

A : 왜 이렇게 일찍 일어났니?
B : 어제 정각 7시까지 학교에 있기로 했어요.

15. 우리말을 영어로 잘못 옮긴 것은?

① 스테이크를 어떻게 구워드릴까요? → How do you want the steak?
② 계산서 좀 주세요. → You have to pay in advance.
③ 좀 더 드시겠습니까? → Would you like another helping?

14. ④ 15. ②

④ 여기가 어딥니까? → Where am I now?
⑤ 쉽게 찾습니다. → You can't miss it.

② 미리 지불하셔야 합니다. → You to pay in advance.
계산서 좀 주세요. → Let me have the bill, please.

※ 다음 두 문장의 내용이 일치하도록 밑줄 친 곳에 가장 알맞은 것은? (16~17)

16.
> I am ashamed that I made the same mistake twice.
> = I am ashamed _____ the same mistake twice.

① of having made ② having made
③ to make   ④ of making
⑤ making

be ashamed of : ~ 부끄럽다
완료형 동명사 : 한 시제 앞선다.

 같은 실수를 두 번이나 한 것이 부끄럽다.

17. 다음 두 문장의 내용이 일치하도록 밑줄 친 곳에 가장 알맞은 것은?

> The polar bear is a favorite of the zoo visitors. The bear does many amusing things and seems to know that his antics please his watchers. As a matter of fact he is a show-off. It is said that a pair in a large zoo never do their diving act unless there is an audience.
> = The polar bear _____.

① is too shy to do anything before watchers
② is something like a born actor
③ behaves like a clown when alone

 16. ① 17. ②

④ is so smart that he never dives in the cold
⑤ behaves as he pleases when alone

> ② 타고난 배우 같다.
> antic 익살 / show-off 과시

해석 북극곰은 동물원 방문객들을 가장 보고 싶어한다. 많은 흥미로운 일을 하고, 자신의 익살이 구경꾼을 즐겁게 해준다는 것을 알고 있는 것 같다. 사실 북극곰은 과시꾼이다. 큰 동물원의 한 쌍의 북극곰은 구경꾼이 없으면 다이빙도 하지 않는 걸로 전해진다.

18. 다음 우리말을 영어로 옮길 때 밑줄 친 곳에 가장 알맞은 것은?

이 세상에서 행복해지기를 바라지 않는 사람은 아무도 없다.
→ Who is there _____ to be happy in the world?

① but wishes   ② but does not wish
③ that wishes   ④ what does not wish
⑤ which does not wish

> that ~ not = but (부정관계 대명사)
> ③ that does not wish to~? : 선행사(who)가 의문사일 때 관계대명사 → that

19. 다음 영어 표현에 대한 우리말 풀이가 어색한 것이 포함된 것은?

① ┌ acid rain : 산성비
  └ generation gap : 세대 차이

② ┌ life insurance : 생명 보험
  └ carbon dioxide : 이산화탄

③ ┌ nuclear waste : 핵 폐기물
  └ vacuum cleaner : 진공 청소

④ ┌ box office : 우체국
  └ fossil fuel : 화석 연료기

⑤ ┌ global warming : 지구 온난화
  └ ozone layer : 오존층

정답 18. ① 19. ④

box-office 매표소 / post-office 우체국

20. 다음 수식 표현에 대한 영어 표현이 어색한 것은?

① 3/4 → Three quarters
② 3+8 = 11 → Three plus eight equals eleven
③ 8÷2 = 4 → Eight divided by two equals four
④ 3.14 → Three point fourteen
⑤ 4×3 = 12 → Four times three equals twelve

 ④ Three point one four.

정답 20. ④

(1999. 4. 10. 시행) 인천지하철공사 9급

01. 다음 밑줄 친 부분의 뜻에 가장 가까운 것은?

> The children <u>felt lonely at the absence of</u> their mother when she was away.

① followed
② dreamed
③ missed
④ cherished
⑤ loved

해석 자녀들은 어머니가 출타중일 때 <u>외로움을 느꼈다</u>.
① 따르다 ② 그리워하다 ④ 소중히 여기다

02. 다음 문장의 ( )에 공통적으로 들어가기에 가장 알맞은 것은?

> - It is a matter of great (   ) to me.
> - On this (   ) I cannot join the meeting.
> - I opened an (   ) at a bank yesterday.

① reason
② order
③ account
④ problem
⑤ importance

① of account(중요성) = important(중요한)
② on the account(이유) → 이런 이유로
③ open an account(구좌) → 구좌를 열다

 정답 01. ③   02. ③

03. 다음 우리말들에 대한 영작이 어색한 것은?

① 전화 왔습니다. = You are wanted on the phone.
② 무슨 사업을 하십니까? = What business are you in?
③ 본론으로 들어가죠. = Let's get down to business.
④ 이렇게 오래 기다리게 해서 죄송합니다.
   = I am sorry to keep you waiting for me so long.
⑤ 한국의 자동차에 대한 수요가 많습니다.
   = There is a great demand for Korean cars.

④ I'm sorry to have kept you waiting so long.

04. 다음 글 중 어법상 표현이 잘못된 것은?

① She is resembling her mother closely.
② He is always forgetting something.
③ I am leaving for London this afternoon.
④ As you treat me, so will I treat you.
⑤ He denied having met her before.

① She resembles her mother closely.

05. 다음 문장의 의미를 가장 잘 설명한 것은?

> It's time the children were in bed.

① Maybe the children are asleep now.
② The children will go to bed soon.
③ The children should be in bed now.
④ It's too early for the children to be in bed.

정답 03. ④   04. ①   05. ③

⑤ Now the children are up and it's good.

> It is time + 가정법 과거 ⓥ ~ : 당연, 촉구를 묘사 = It is time that s + should + v ~

> 해석 애들이 잘 시간이다.

06. 다음 밑줄 친 부분의 쓰임이 어법에 맞지 않는 것은?

① A barking dog never bites.
② She is busy cooking dinner.
③ Suddenly I heard my name calling behind me.
④ He had his purse stolen.
⑤ With an eye bandaged, I could not write properly.

② be busy + ing : ~해서 바쁘다
③ 지각동사 + O + p.p ~ : O(목적어)가 동작을 받을 때 (p.p)를 사용
④ 사역동사 + O + p.p ~ : (목적어)가 동작을 받을 때 (p.p)를 사용

07. 다음 글에서 어법상 옳지 않은 것은?

① Mr. Kim and I knew each other since 1988.
② This river is dangerous to swim in July.
③ Look! There's a dog in the hall. Someone must have left the door open.
④ The sooner you do it, the better it will be.
⑤ Had it not been for the money, you would not have succeeded.

① S + V~ Since + S + V~
Mr. Kim and I have known each other since 1988.
　　　　　　　현재완료　　　　　　　　과거
② 이 강은 7월에 수영하기 위험하다.
③ must have + p.p ~ : 과거 사실 확신. ~했었음에 틀림없다.
④ The + 비교급, the + 비교급 : ~하면 할수록 더 ~하다.

정답 06. ③ 07. ①

⑤ 가정법 과거완료
If + s + had · p.p~, s + 과거조동사 + have · p.p~
Had + s + p.p~, s + 과거조동사 + have · p.p~
without = but for = If it had not been for ~ = Had it not been for ~

08. 다음 글에서 밑줄 친 단어와 뜻이 같은 것은?

> Mozart gave his first public recital at the age of six. By age thirteen he had written symphonies and an operetta. He is justly called a child prodigy.

① musician ② genius
③ infant   ④ composer
⑤ player

해석 모차르트는 6세 때 최초로 대중공연을 했다. 13세까지 그는 교향곡과 오페라를 작곡했었다. 그는 당연히 꼬마신동으로 불리어진다.
① 음악가 ② 천재 ③ 유아 ④ 작곡가 ⑤ 선수

09. 다음 문장의 내용상 밑줄 친 곳에 가장 알맞은 것은?

> The reputation of a man is like his _____ ; it sometimes follows and sometimes precedes him ; it is sometimes longer and sometimes shorter than his natural size.

① height   ② vision
③ shadows ④ image
⑤ reality

해석 사람의 명성은 자신의 그림자와 같다 ; 명성은 따르는 사람을 뒤따르고 때로는 앞서간다. 가끔은 본래 자신의 모습보다 클 수도 작을 수도 있다.
① 신장 ② 미래상 ③ 그림자 ④ 형상 ⑤ 현실

정답 08. ② 09. ③

10. 다음 문장의 내용상 밑줄 친 곳에 가장 알맞은 것은?

It doesn't matter _____ he will attend the meeting.

① whether ② what
③ who ④ which
⑤ whom

🎓 It(가주어), Whether~(진주어)

해석 그가 회의에 참석할지 어떨지 중요치 않다.

11. 다음 문장의 내용상 밑줄 친 곳에 가장 알맞은 것은?

If you don't know what the word means, you'd better _____ in the dictionary.

① look it over ② look for it
③ look after it ④ look it up
⑤ look into it

🎓 ① ~을 대강 흩어보다 ② ~을 찾다 ③ ~을 배웅하다 ④ ~을 찾아보다 ⑤ ~을 엿보다

해석 단어의 의미를 모르면 사전에서 단어의 의미를 <u>찾아보는</u>게 낫다.

12. 다음 문장의 내용상 밑줄 친 곳에 가장 알맞은 것은?

Country life has many advantages. For one thing the air is fresh and clean. Another advantage is that in many ways country life is more _____ than city life.

① expensive ② unpleasant
③ inconvenient ④ artificial
⑤ economical

해석 시골생활은 많은 이점이 있다. 첫째 공기가 신선하고 맑다. 다른 이점은 여러 면에서 도시생활보다 경제적이다.
① 비싼 ② 불쾌한 ③ 불편한 ④ 인공적인 ⑤ 경제적인, 절약적인

13. 다음 문장의 내용상 밑줄 친 곳에 가장 알맞은 것은?

> Was the exam hard?
> Yes. We found _____.

① most of the questions difficult to answering.
② it difficult for answering most of the questions.
③ difficult to answer most of the questions.
④ most of the questions difficult to answer.
⑤ if difficult most of the questions for answering.

(think, believe, make, find) 동사들은 부정사를 직접목적어로 사용할 수 없으므로 가목적어를 사용함.
 A) We found (it) difficult to answer most of the questions.
 B) We found most of the questions difficult to answer.
   목적어   목적격 보어

해석 시험이 어려웠어?
우리는 시험질문 대부분이 답하기 어렵다는 것을 알았어.

정답 13. ④

14. 다음 설명이 의미하는 것은?

> The price charged for transportation.

① token ② ticket
③ refund ④ payment
⑤ fare

　교통에 부과된 금액
　① 상징 ③ 환불 ④ 지불 ⑤ 교통요금

15. 다음 밑줄 친 곳에 가장 알맞은 것은?

> Mr. Lee didn't come to his eight o'clock class yesterday.
> He _____.

① must oversleep ② have to oversleep
③ must had overslept ④ must have been oversleeping
⑤ must have overslept

　과거 사실에 대한 확신(must have p.p)

　이군은 어제 8시 수업에 오지 않았다.
　그는 늦잠을 잤음에 틀림없다.

16. 다음 안내문에 대한 우리말 풀이가 어색한 것은?

① Off limits = 출입 금지　② Towaway Zone = 견인 지역
③ Watch your step = 계단 조심　④ Wet Paint = 칠 주의
⑤ Under construction = 공사중

정답 14. ⑤ 15. ⑤ 16. ③

③ 발걸음 주의

17. 다음 대화의 밑줄 친 곳에 알맞은 것은?

> A : _____ Where have you been?
> B : I've been in England. How have you been?
> A : Very well thank you.

① Please come again.　　② I can teach you.
③ I want a red pen.　　④ It's cold in winter.
⑤ Long time no see.

해석
A : 오랜만이다. 어디 있었어?
B : 영국에. 너는 잘 지냈어?
A : 응. 고마워.
⑤ 오랜만이다.

18. 다음 전화 대화의 밑줄 친 곳에 가장 적절한 것은?

> A : May I speak to Mr. Kim please?
> B : I'm sorry, he's on another line right now.
> 　　Would you like to leave a message?
> A : _____ I'll call back later.

① No, that's all right.　　② Yes, thanks.
③ I don't know yet.　　④ Do you have a pencil?
⑤ Do you think it is all right?

해석
A : Mr. Kim 바꿔 주세요.
B : 미안하지만 다른 전화를 받고 있어요. 전할 말씀 있으세요?
A : 아뇨, 나중에 다시 전화할께요.

정답　17. ⑤　18. ①

19. 다음 글에서 전체의 흐름과 관계가 없는 것은?

㉠ Many people insist that they catch every cold that's going round while others never catch one. ㉡ This difference is partly in human variation. ㉢ More often than not people with poor resistance may suffer from terrible diseases. ㉣ Some individuals react violently to every cold. ㉤ Others catch the same virus but have such minor symptoms they hardly notice.

① ㉠
② ㉡
③ ㉢
④ ㉣
⑤ ㉤

> variation 차이 / more often than not 자주 / resistance 저항(력) / react 반응하다 / violently 격렬하게 / symptom 증상 / notice 인식하다

해석 ㉠ 많은 사람들은 다른 사람들은 그렇지 않은데 매번 감기에 걸린다고 한다. ㉡ 이 차이는 부분적으로 개인차에 있다. ㉢ 자주 저항력이 약한 사람들은 끔찍한 질병에 고통을 당할지도 모른다. ㉣ 어떤 사람들은 매번 감기에 강력히 대응한다. ㉤ 또 어떤 사람들은 같은 바이러스 성 감기지만 거의 인식할 수 없을 정도의 미비한 증상만 생긴다.

20. 다음 글의 앞에 올 내용으로 알맞은 것은?

People who hold the opposite view have an answer to this. They say that men have more responsibilities than women : a married man is expected to earn money to support his family and to make the important family decisions, and therefore it is right for men to be paid more. There are some people who hold even stronger views than this and are against married women working at all. When wives go out to work, they say, the home and children are neglected.

① 남녀 평등의 주장
② 남녀의 생리적 차이
③ 결혼에 대한 다양한 견해
④ 여성의 참정권
⑤ 여성 운동의 역사

정답 19. ③ 20. ①

opposite 반대의 / view 견해, 관점 / responsibility 책임 / support 부양하다 / neglect 경시하다

대견해를 가진 사람들이 이 주장에 대한 해답을 가지고 있다. 그들은 남성이 여성보다 많은 책임을 가지고 있다는 것이다 ; 기혼남성은 가족을 부양하기 위해 돈을 벌어야 하며 중요한 가족결정사항을 해야 하며 그래서 남성이 더 많은 보수를 받는 것이 옳다. 이보다 더 강력한 견해를 갖고 또한 기혼여성이 일하는 것에 반대하는 사람들도 있다. 이들의 주장인 즉, 아내들이 일하러 가면 가정과 자녀들이 경시된다는 것이다.

(2000. 5. 21. 시행) 인천지하철공사 9급

※ 다음 중 밑줄 친 부분과 의미가 가장 가까운 것을 고르시오. (01~04)

01.

The picture of the famous <u>author</u> was published in the newspaper.

① actor
② writer
③ actress
④ passenger

해석 그 유명한 작가의 그림이 신문에 실렸다.
① 남자 배우 ② 작가 ③ 여배우 ④ 승객

02.

Disease <u>affects</u> the body.

① influences
② touches
③ favors
④ explains

touches는 부정문이나 의문문에만 쓰인다.

해석 질병은 신체에 영향을 미친다.
① 영향을 미치다 ② 감동시키다 ③ 호의를 보이다 ④ 설명하다

03.

The mall looks like a <u>gigantic</u> shoe box.

① excited
② huge

정답 01. ② 02. ① 03. ②

③ foolish ④ dangerous

해석 그 상점은 <u>거대한</u> 구두 상자처럼 보인다.
① 흥분한 ② 거대한 ③ 어리석은 ④ 위험한

04.
A <u>vacant</u> apartment in Seoul is very difficult to find.

① good ② large
③ empty ④ clean

해석 서울에서 빈 아파트는 매우 찾기 어렵다.
① 좋은 ② 큰 ③ 빈 ④ 깨끗한

05. 다음 글에 가장 적합한 제목은?

The habit of shaking hands goes back to the old days. When you met someone on the road, it became customary to extend your hands to show that you were carrying no weapons. This gradually developed into the handshake.

① The origin of shaking hands ② How to shake hands
③ How to carry weapons ④ Weapons and shaking hands

해석 악수하는 습관은 옛날로 거슬러 올라간다. 당신이 길에서 누군가를 만났을 때, 무기를 소지하고 있지 않은 것을 보여주기 위하여 손을 뻗는 것이 습관이 되었다. 이것이 점차 악수로 발전되었다.
① 악수의 기원 ② 악수하는 방법 ③ 무기를 소지하는 방법 ④ 무기와 악수

정답 04. ③ 05. ①

06. 다음 대화 중 어색한 것은?

① A : Shall we talk about it over coffee?
　B : That'll be fine.
② A : Let's discuss it over beer.
　B : That's a good idea.
③ A : How about joining us?
　B : Sure, I'll be glad to.
④ A : Good thing, you were absent yesterday.
　B : The meeting was called off.

해석
① A : 커피 마시며 이야기할까?
　B : 좋지.
② A : 맥주 마시면서 토론하자.
　B : 좋은 생각이야.
③ A : 우리와 합류 하는게 어때?
　B : 물론, 함께해서 기쁘다.
④ A : 나는 어제 참석하지 않았는데, 다행이다.
　B : 그 회의는 (어제) 취소되었어.

※ 문맥상 밑줄 친 곳에 가장 적절한 것을 고르시오. (07~09)

07.
Diagnosis is one of the most important parts of the _____.

① unclear warfare　　② doctor's work
③ big animal　　④ mechanical engineering

해석 진단은 <u>의사의 업무</u> 중 가장 중요한 일들 가운데 하나이다.
① 불확실한 전쟁　② 의사의 업무　③ 큰 동물　④ 기계 역학

08.
Lawyer is to court as soldier is to _____.

정답 06. ④　07. ②　08. ②

① training　　　　　② battle
③ discipline　　　　④ victory

 A is to B as C is to D : A와 B에 대한 관계는 C와 D의 관계와 같다.

 법률과 법정의 관계는 병사와 전투의 관계와 같다.
① 훈련　② 전투　③ 훈련　④ 승리

09.

During the past 200 years, the most important political change has been the rise of democracy. In one country after another, the power to govern has been _____ king and ruling classes to the whole people.

① negotiated　　　　② established
③ transferred　　　　④ developed

 지난 200년 동안 가장 중요한 정치적인 변화는 민주주의의 증가였다. 차례로 여러 나라에서 통치권이 왕과 지배 계급에서 모든 국민에게로 이양되었다.
① 협상하다　② 설립하다　③ 이양되다　④ 발달하다

10. 다음 글에서 전체적인 흐름과 관계없는 문장은?

The most obvious purpose for advertising is to inform the consumer about available products of service. ① In many countries, manufacturers must, according to the law, put labels on their products. ② For example, food labels must include of the food. ③ In other words, they look at the same products in several stores from several manufacturers. ④ On other products, the labels on the package tell consumers about the materials in the products. A label must also include where a product was made or grown.

정답　09. ③　10. ③

해석 광고의 가장 중요한 목적은 소비자에게 상품에 대해 알려주는 것이라 할 수 있다. ① 많은 나라의 제조업자들은 법에 따라 그들이 생산한 제품에 상표를 붙여야 한다. ② 예를 들면, 음식 상표들은 그 음식에 관한 내용물을 포함하고 있다. ③ 다시 말하면, 그들은 여러 상점들에서 여러명의 제조업자들이 만든 같은 제품을 본다. ④ 다른 제품에서 포장지의 상표들은 소비자들에게 그 제품의 재료들에 대해 알려 준다. 상표는 어떤 제품이 어디에서 생산되어지고 재배되었는가를 포함해야만 한다.

※ 다음 중 밑줄 친 곳에 가장 알맞은 것을 고르시오. (11~18)

11.

A : How is Jane?
B : She has been sick _____ last Sunday.

① since
② for
③ during
④ on

현재 완료형과 함께 쓰이는 것은 since이다.
since : ~ 이후 쭉

해석 A : Jane은 어떻게 지내고 있어?
B : 그녀는 지난 일요일부터 지금까지 병을 앓고 있어.

12.

A : May I _____ the phone?
B : Sure. Go right ahead.

① borrow
② lend
③ use
④ call

해석 A : 전화 좀 사용해도 될까요?
B : 물론이지요. 계속 하십시오.
⑤ 오랜만이다 ① 빌리다 ② 빌려주다 ③ 사용하다 ④ 전화하다

정답 11. ① 12. ③

13.

He is _____ taller than I.

① more   ② much
③ many   ④ better

> 비교급을 수식하는 부사로는 much, even, by far, a great deal, considerably 등이 있다.

> 해석) 그는 나보다 키가 더 크다.

14.

Father _____ a newspaper after supper every evening.

① read   ② is reading
③ will read ④ reads

> 습관적, 반복적 행위는 현재시제를 쓴다.

> 해석) 아버지는 매일 아침 신문을 읽으신 후에 식사를 하신다.

15.

A : When will the meeting be held?
B : It will be held _____ Monday.

① on   ② at
③ in   ④ with

> 요일명은 전치사 on을 쓴다.

> 해석) A : 모임이 언제 예약 되었지?
> B : 월요일로 정해졌어.

정답) 13. ② 14. ④ 15. ①

16.

There was no doubt that he forgot my birthday.
= There was no doubt of _____ my birthday.

① him to forget
② forgot
③ his forgetting
④ his to forgetting

🎓 동격의 전치사 of 와 동명사의 의미상 주어는 소유격이다.

해석 그가 나의 생일을 잊어버렸음이 틀림없다.

17.

The houses of the rich are generally larger than _____ of the poor.

① that
② ones
③ others
④ those

🎓 지시대명사로 houses를 받는 those가 와야 한다.

해석 부자들의 집들은 대개 가난한 사람의 집들보다 크다.

18.

Every boy and girl in our class _____ a camera.

① has
② have
③ have had
④ is had

🎓 every 단수명사, and (every) 단수명사는 단수취급한다.

해석 우리반의 모든 남학생과 여학생들은 사진기를 가지고 있다.

정답 16. ③   17. ④   18. ①

19. 다음 단어의 밑줄 친 부분과 발음이 같은 것은?

famous

① soul　　　　　　② mountain
③ cloud　　　　　　④ courageous

 famous
[ə]

① soul　② mountain　③ cloud　④ courageous
[ou]　　　[au]　　　　[au]　　　[ə]

20. 다음 글에서 Howard가 하고 있는 행동은?

Slow down, Howard. We have plenty of time to get there.

① driving too slow　　　② waiting for a bus
③ taking a bath　　　　④ driving too fast

　"하워드, 속도를 늦춰. 우리가 거기에 갈 시간은 충분해."
⑤ 오랜만이다
① 너무 천천히 운전하고 있다.
② 버스를 기다리고 있다.
③ 목욕을 하고 있다.
④ 너무 빨리 운전하고 있다

 19. ④　20. ④

★도서에 관한 모든 것★
http://cafe.naver.com/expert7

공사·공단 영어 기출예상문제집(2017)

인 쇄	2017년 03월 15일 발 행 2017년 03월 20일
저 자	공사공단시험연구진
발 행 인	(주)엑스퍼트월드 발 행 처 엑스퍼트
출 판 국	(08742) 서울특별시 관악구 행운2길 52, 칠성빌딩 3F
영 업 부	(02) 886-0844(代) FAX : (02) 886-7511
편 집 부	(02) 886-8203 FAX : (02) 886-7511
e-mail	expert7@naver.com http://cafe.naver.com/expert7.com
등 록	1979. 8. 13 제1-508호
상호 등기	1990. 8. 20 제71740호

정가 22,000원

ISBN 978-89-525-0816-4

판 권
본 사
소 유

이 책의 무단 전재 또는 복제행위는 저작권법 제97조의5에 의거, 5년 이하의 징역 또는 5,000만원의 벌금에 처하거나 이를 병과할 수 있습니다.